中职汽修
教学模式的创新研究

赵文延◎著

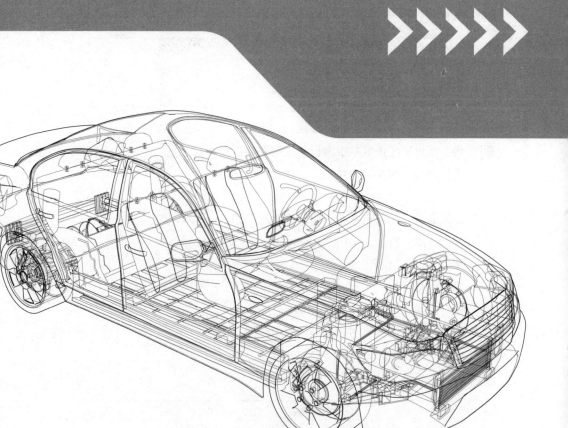

内蒙古文化出版社

图书在版编目（CIP）数据

中职汽修教学模式的创新研究 / 赵文延著 .—呼伦贝尔：内蒙古文化出版社，2024.8.—ISBN 978-7-5521-2542-9

Ⅰ .U472.4

中国国家版本馆 CIP 数据核字第 202407MP74 号

中职汽修教学模式的创新研究

赵文延　著

责任编辑　黑　虎
装帧设计　晴晨图书

出版发行　内蒙古文化出版社
地　　址　呼伦贝尔市海拉尔区河东新春街 4 付 3 号
直销热线　0470-8241422　　**邮编**　021008

印刷装订　三河市金兆印刷装订有限公司
开　　本　710mm×1000mm　1/16
字　　数　214 千
印　　张　14
版　　次　2024 年 8 月第 1 版
印　　次　2024 年 9 月第 1 次印刷
书　　号　ISBN 978-7-5521-2542-9
定　　价　78.00 元

随着我国经济的快速发展和人民生活水平的提高，汽车产业加速发展，并且对有技能的从业人员的需求量大。为了给汽车相关行业输送大量有技能的人才，各中职学校均开设汽车维修与运用类专业，而且这几年报读的学生很多，已是一个热门专业。不可否认，从中职学校毕业的学生相对于没有接受正规院校培养的社会从业人员来说，在专业知识和操作技能方面具备优势。他们通过学校的培训和实习机会，积累了实践经验，掌握了职业技能，为进入汽车行业就业提供了有力的支持。

但在热闹的招生背后应该清醒地看到，随着社会的快速发展和技术的不断革新，汽修行业对从业人员的要求也在不断提高。传统的汽修教学模式可能需要进行改革，以适应社会发展的需要，并提高教学质量。如果不及早探索教学模式改革，提高教学质量，当就业形势恶化后，用不了几年，汽修专业的生源必将大受影响。这需要学校与企业密切合作，更新教学内容，加强实践教学，并培养学生的综合能力。同时，学校之间也可以通过合作与共享资源来应对挑战，提高整体水平。

如何在中职教育中创新教学模式，培养出适应汽车行业发展需求的高素质技术人才，成为摆在我们面前的重要课题。因此，本书系统地研究了中职汽修教学模式的创新，涵盖了课程设置与教学大纲的优化、教材体系的建设、教学方法和手段的创新，以及校企合作模式等方面。每个主题都经过深入研究，提供了理论依据、实践案例和具体建议，旨在帮助读者更好地理解和应用创新的教学模式。在这个过程中，我们还十分重视与实际产业的紧密结合。

　　本书特别强调了校企合作的重要性，提出了建立实训基地、开展实践项目和校企合作培养模式等具体的实施方案。我们相信，通过与汽车行业的深度合作，学校和企业可以共同打造出更加适应市场需求的汽车维修教育体系。

目录 CONTENT

目录 CONTENT

目录 CONTENT

目录 CONTENT

目录CONTENT

｜第一章｜
中职汽修专业教育现状

随着时代的发展和进步，中职教育已经成为中国教育体系中不可或缺的一部分。近年来，国家政府不断加大对于中职教育的投入，这也使得中职毕业生成为了一线劳动者的主要来源，他们是一群有技术，踏实肯干的技术工人，在进入各行各业后为行业注入了新的动力，极大地改变了原先工厂企业工人普遍缺乏专业技能和学习能力较差的现状。这为我国经济的腾飞打下了基础，提高了社会的整体就业水平。

自党的十八大以来，习近平同志作为党中央的核心，将职业教育置于前所未有的突出位置。在李克强总理的重要批示中，他强调了深化职业教育改革的重要性，并提出了明确的要求。这表明国家对职业教育改革的决心和重视程度。2019年印发的《国家职业教育改革实施方案》进一步明确了职业教育和普通教育的不同性质和同等重要的地位。

但是，现在的职业教育现状也十分令人堪忧，在如今的中职校园中，我们普遍可以听到教师抱怨：现在的学生越来越难带了。其实，这种现象不是个案，而是我国中职学校普遍存在的现象。对于这种职业教育困境，我们要清楚认识和了解学生的学习动机，研究其形成的因素，发现中职学习动机的缺失，进而提出相应对策。

第一节　中职学校汽修专业现状调查

2018年，我国机动车保有量已达到3.4亿，其中私家车占比超过70%。随着私家车保有量的增加，汽车修理市场也逐渐呈现出蓬勃发展的势头，而汽车修理技术的不断升级与更新，更是促进了汽修行业的快速发展。在这个大背景下，各类汽修人才开始崭露头角，汽修市场也愈加竞争激烈。

2021 年，"十四五"全面布局，新的发展格局加快构建。中职教育也迎来了新的发展机遇，党的十九大报告中提出"建设知识型、技能型、创新型劳动大军，弘扬踏实肯干的劳动精神和工匠精神，营造劳动光荣的社会风尚和精益求精的敬业风气"。中国作为"世界工厂"，订单不断加多，这也对中国的制造业市场提出了更高的要求，从另一方面来说，对中国一线劳动者的职业技术和从业素质提出了更高的要求，所以，提高职业教育质量势在必行。

一、中职学校汽修专业教学情况调查

汽修专业，也称为汽车维修或汽车技术服务，涉及多个领域，包括但不限于汽车结构、汽车维修技术、汽车电子技术、汽车检测与诊断、汽车维修管理和汽车维修企业的运营与管理知识。学生在学习这些领域的知识和技能时，将学习如何使用各种工具和设备进行汽车维修和保养，如何更换零部件、修复车身损坏、调整发动机和悬挂系统，以及如何使用专业电子设备进行汽车电路和电子设备的故障检测和维修。此外，学生还将学习汽车检测与诊断技术和汽车维修管理的知识，包括人员管理和物料采购等方面。

汽修专业的目标是培养具备汽车维修、检测、故障排除及相关管理能力的专门人才。毕业生可以在汽车维修企业担任管理职位，或者在其他相关的行业中工作，如汽车保险、汽车销售和汽车金融等。随着中国社会的发展和汽车数量的增长，对专业汽修人员的需求也在增加，因此这个专业的就业前景被认为是良好的。

汽修专业的课程通常包括机械设计、机械检测、机械制造技术、电子技术、汽车概论、汽车构造、汽车电子电器设备、汽车检测与维修、汽车服务等。有些学校还会根据市场需求，设立专门的汽修专业课程，如汽车电路、汽车钣金、汽车喷漆、汽车空调、汽车机械等，并可能划分为不同的工种，如汽车电路、汽车钣金、汽车喷漆、汽车空调、汽车机械等。

而随着社会的发展，我国汽车维修行业正在不断地发展当中，交通工具越来越发达，汽车行业日新月异，作为相配套的汽车服务专业有很多种，都是理论和实践相结合。行业正在向智能化、科技化发展，行业内对人才的需求逐渐增多，因此，学习汽车维修专业是一种不错的选择。学习汽车维修专业在毕业后可从事的工作也很多，并不仅仅是修车而已，还可以从事汽车销售、汽车美容等工作。

（一）中职汽修的教学内容

2020年，中国共有3479所中职学校，其中汽修专业学生数量已达400万，占到中职学生总数的32.5%。从2016年到2020年，中职汽修专业学生数量增长了17.4%，可见中职汽修专业的受欢迎程度与日俱增。汽车维修行业涉及的专业是很多的，针对不同的年龄、基础、需求，可以学习不同的专业。

中职汽修专业主要培养学生掌握汽车、电子技术、自动控制仪器应用、汽车电子系统等知识，从事汽车修理、设计等方面的高素质技术技能型人才。现在，中职学院汽修基本上分为汽车运用维修专业和新能源汽修检查和维修专业两个板块，新能源汽车检测与维修的专业优势是随着油价不断攀升，能源与环保问题日益突出，国家通过汽车产业的调整或振兴规划，新能源汽车的研发受到越来越多的关注，新能源汽车无疑会成为未来汽车的发展方向。

因此，新能源汽车检测与维修技术专业所培养的人才定然是未来的稀缺人才。主干课程为电动汽车高压安全及防护、混合动力汽车结构与检修、纯电动结构与检修、新能源汽车电池及管理系统检修、新能源汽车电机及控制系统检修，新能源汽车故障诊断与排除、新能源汽车维护与保养、电动汽车网络与电路分析、新能源汽车装配工艺等。

（二）中职汽修专业教学模式

目前，中职汽修专业教学模式主要分为理论教学和实践教学两种，其中以实践教学为主要方式。中职汽修专业的实践教学主要依靠实验室、工厂实训等场所进行，学生可以在真实的汽车维修工作中进行模拟练习，并且可以参与实际维修过程，从而获得更加全面的汽修技能。

汽车运用与维修的专业前景是无论社会怎么发展，科技如何快速进步，汽车作为人们的基本交通工具，不会被淘汰。汽车的刚性需求决定了汽车后市场的长存和繁荣，所以作为优秀的汽车技术人才，在行业中只会越来越受到欢迎。近几十年的时间，汽车维修行业已经开始走向成熟，汽车维修市场迎来了技术进步和升级，汽车维修行业向专业化、精细化、高端化发展。各种先进的设备、新技术、新理念被开发出来，汽修行业走向了高大上。我国的汽车保有量居世界前列，但行业缺乏新技能型人才，很多岗位空缺，企业高薪招聘不到人才。所以，对于广大年轻人来说，学汽车技术未来的前景不可限量，发展空间非常大。

（三）中职汽修专业教学质量

在课程设置上，所有中职学校均设置了汽修基础课程和专业课程，并依据各地的汽车行业特点增加了一些定制化课程。例如，江苏建筑职业技术学院加强了车灯系统课程的讲解，重点讲解 LED 车灯的原理、特点和故障排除方法。师资力量是中职学校汽修专业的关键因素之一。调研发现，拥有博士、硕士及以上学历的教师比例较低，大多数学校都是高职以上学历的教师。而教师的从业经验和技能水平则是中职学校汽修专业的优势。例如，洛阳职业技术学院的汽修教师均拥有 10 年以上的汽车维修经验，能够为学生提供丰富的实战经验。绝大多数学校都采取了多种方式提高教师的技能水平。例如，广州航海学院采取了"名师、名企、名车、名匠"师资培训体系，邀请国内外知名汽车制造企业高管和技术专家授课，提高教师的应用水平。

中职学校汽修专业的设施设备主要包括车间、设备和工具等。大多数中职学校的汽修专业设施条件较为优秀，能够满足教学、实践和竞赛等活动的需求。例如，安徽冶金职业技术学院的汽修实训室为全国首家 CFMA3 级认证实训单位；广州市黄埔区建设技工学校的汽修实训车间拥有 50 多台维修设备，能够满足学生的学习需求。

二、汽修行业现状调查

汽修专业是一门技术性较强的专业，需要学习者掌握扎实的理论知识和实践技能。在专业课程方面，汽修专业涉及的课程包括汽车机械原理、汽车电子技术、汽车发动机构造等。同时，实践课程也是汽修专业的重要组成部分，包括汽车维修实训、汽车故障诊断等。

汽修行业的就业前景广阔，学生毕业后可以选择从事汽车维修、汽车配件销售、汽车美容等工作。目前，汽修行业对中高级技能人才的需求量较大，因此，拥有扎实的技能和丰富的实践经验将有助于提高就业竞争力。此外，随着新能源汽车的普及，汽修行业也将需要更多具备新能源技术的人才。

（一）汽车工业发展迅猛

汽车维修行业的发展离不开汽车产业的发展。目前，我国的汽车产量正处于迅速发展的过程当中。中国汽车行业是我国经济发展的重要支柱产业之一，汽车制造业和汽车售后服务业均处于不断发展的阶段。根据中国汽车工业协会发布的数据，我国 2019 年汽车产量达到了 2590 万辆，销售量达到了 2587 万辆，同比增长 0.1%。随着经济的发展和消费水平的提高，车辆保有量不断增加，同时汽车售后服务业也呈现出红利期。汽车维修保养市场规模也在不断扩大，预计未来几年增速将保持在 10% 以上。中职汽修专业是在培养具备汽车维修技能的专业人才，为汽车售后服务业的发展提供了重要的人才支持。然而，由于中职汽修专业发展时间相对较短，市场不成熟，学生、老师、用人单位之间存在信息交流不畅、人才培养与实际需求脱节等问题，导致中职汽修专业存在一定的发展困境。

（二）汽车技术的发展带动了维修技术的发展

随着目前汽车技术的不断发展，汽车维修的技术含量也在不断地得到提高，无论是在理论技术、理念、制度还是的人员构成和作业方式等方面都发生着变化，这种变化还出现在传统的维修方式以及汽车维修行业工人岗位上。传统的汽车维修岗位正在逐渐的退出市场，而复合型以及智能型的岗位正在不断的增加，并且伴随科学技术的不断进步，汽车故障诊断检测、ABS、GRS、AT 等新的专项维修岗位都已经出现。

（三）汽修行业的人员素质满足不了行业发展需要

汽车检测与维修专业产生于 20 世纪 80 年代，历史虽然不长，但是发展速度飞快。改革开放以来，随着私家车的普及，汽车维修业逐渐从产品型行业向服务型行业转变，从而形成一个社会化的、资金和技术密集型的相对独立行业。私家车的大量发展带来了对汽车维修服务的需求增加。车辆使用者对于汽车维修的要求变得更加多样化和个性化，不再局限于传统的售后维修，还包括定期保养、改装和升级等服务。

随着汽车数量的快速增长，汽车维修业逐渐成为交通运输业的重要组成部分，并发展成为一个资金技术密集型、服务型的行业。在中国，汽车维修业呈现出多种经营方式和多样化的企业形态。4S店、特约维修服务站、综合维修厂、快修连锁店、专项维修店等经营模式的出现，使得汽车维修市场体系门类齐全、品种多样，分布广泛，为不同消费层次的需求提供了方便的服务。

汽车维修业的快速发展也带动了汽车保修设备行业的兴起。作为汽车维修的重要支撑，汽车保修设备行业致力于提供先进的维修设备和技术支持，以满足日益复杂的汽车维修需求。汽车维修业的发展不仅为交通运输业提供了重要的服务支持，而且也推动了汽车维修与检测专业的进步。随着行业的不断发展，汽车维修业关注技术创新、提升服务质量，并加强与汽车制造商和相关行业的合作，以满足市场需求和提高行业整体水平。

随着现代工业和汽车工业的快速发展，对汽车技术服务和营销人员的需求不断增长。汽车制造、销售、维修和售后服务行业对具备现代服务意识和现代维修技能的专业人士的需求非常迫切。目前，中国汽车制造、销售、维修和售后服务行业对汽车技术服务人员的需求预测约为80万人，而汽车维修行业每年需要新增近30万名从业人员。这需要具备现代服务意识和现代维修技能的专业人士。

然而，目前维修企业的发展和从业人员素质远不能满足行业的需求。在现有的220万从业人员中，只有约20%接受过中级以上系统职业技术教育，技师和高级技师仅占8%。此外，年龄偏大、知识老化的问题也存在。同时，一级工人中有38.5%的人文化程度在初中以下，这已经成为制约汽车维修业发展的瓶颈。为了应对这一挑战，中国政府已经将汽车应用技术专业人才培养列入了"国家制造业和现代服务业技能紧缺人才培养工程"。政府正在加大对汽车技术人才培养的支持力度，以满足行业发展的需求。在全球化的中国市场中，汽车行业的竞争不仅仅是产品本身的竞争，更是技术创新和人才竞争。具备现代化服务意识和维修技能的专业人才将在竞争中占据重要的地位。因此，培养和提升汽车技术人才的能力和素质，以适应行业发展的需要，是至关重要的。

三、毕业生反馈情况调查

据不完全统计，中职汽修专业毕业生就业率超过 90%，并且近年来呈现逐年上升的趋势。其中，毕业生在汽车维修公司、汽车 4S 店、快修店、租车公司及自建汽修店等汽修企业、汽车制造企业、政府相关职能部门、高等院校及科研机构等行业单位就业较为常见。根据近年来汽修行业就业薪资的报告，中职汽修专业毕业生薪资范围为 3000 ～ 5000 元，而有经验的专业技师的薪资可以达到8000 ～ 1.2 万元不等。可见，中职汽修专业毕业生的薪资待遇也相对较好。

据权威数据显示，目前我国汽修人才缺口达几百万。正所谓"物以稀为贵"，面对市场上奇缺的汽车技术人才，尤其是具备过硬技能、具有独立解决各种汽修问题的高级技术人才，企业开出万元高价招揽，但人才问题依然严峻。培养方向为汽车维修接待、汽车机电维修、汽车维修、质量检验、汽车零配件管理、汽车组装、客户跟踪与信息反馈、整车性能检测等领域相关技术的应用型高技能人才。

在当今激烈的市场竞争中，众多汽车维修企业已经进行了大规模的厂房和设备改造升级，然而，他们面临一个普遍问题：当前，国内汽车维修企业的从业人员整体学历较低，高级技能人才比例不足，接受专业训练的人才比例也较低。同时，工资待遇相对较低，导致难以留住人才。这使得"人才难得，人才难留"成为许多汽车维修企业普遍面临的关键问题，也是影响企业竞争力和效益的重要因素。因此，行业和企业管理者迫切需要解决人才需求问题。

（一）汽车维修企业从业人员文化水平

汽车维修行业从业人员的文化水平普遍偏低。初中及以下文化程度的人员占比为 38.5%，高中文化程度者占比为 51.5%，而具有大专及以上文化程度的人员仅占 10%。文化水平层次的结构比例为 4:5:1，显示了整体上文化程度偏低的情况。此外，无论是汽车维修技术及管理人员队伍还是技术工人队伍，从业人员的文化水平普遍偏低，且存在知识老化和高级技术和管理人才缺失的问题。这确实给行业应对现代汽车技术和管理需求带来了挑战。

（二）汽车维修企业岗位设置和结构状况

随着现代汽车结构的发展和维修新技术的广泛应用，新型的智能型且复合特征的岗位开始涌现。其中，机械维修和电器维修两个技术岗位的复合融合，形成机电一体化的岗位，这一领域正迅速发展。这些新型岗位的出现，反映了汽车维修行业对综合技能和跨领域知识的需求。机电一体化岗位的发展不仅提高了维修工作的效率和准确性，还推动了维修行业向智能化和高端化方向迈进。对于从业人员来说，掌握机电一体化技能，将有助于他们适应行业的变革，提升自身竞争力，并为现代汽车维修提供更高水平的服务。

（三）汽车维修行业人员接受培训的情况

目前，汽车维修业的培训资源在多层次、多渠道和多形式方面相对充足，培训力量的数量能够满足需求。然而，从培训的质量来看，存在一些与现实汽车维修企业不相适应的问题，包括培训方式和专业分类模式的不适应以及理论和实践结合不够紧密的问题。目前，汽车维修业仍面临人才短缺和整体从业人员素质低下的挑战。从业人员主要包括农村离开土地的农民和城市普通中学毕业生。这些人群的文化水平普遍较低，服务意识不强，且缺乏专业知识。因为中等职业学校培训的人相对较少，而小型维修企业往往无法吸引接受各类高等教育的人员。

近年来，国家的义务教育普及和就业机会增加，对汽车维修行业从业人员的文化素质提升起到了积极的促进作用。这些外部条件的改善有助于推动从业人员的技能结构和年龄结构朝着更合理的方向发展，并为职业教育的实施奠定了坚实的文化素质基础。然而，进一步加快汽车维修行业从业人员的文化素质提升，以及现有技术和管理人员的专业素质提高，加强高级技术和管理人员队伍的建设，加速新专家群体的培养，是实现汽车维修行业现代化、推动行业快速发展的关键问题。

四、在校生反馈情况调查

中职汽修专业的学生就业形势较好。调查显示，全国中职汽修专业学生毕业后就业率超过95%，其中70%以上的学生选择从事汽车维修、保养、维护等相关行业。我们发现，就业率高的学校往往具有以下特征：教学质量高，设施设备先进，师资力量雄厚。例如，洛阳职业技术学院的汽修专业毕业生就业率高达 100%。

随着我国经济的高速发展和汽车行业的繁荣，汽车数量不断增加，这推动了汽车技术的不断提升和汽车服务行业的快速发展。在这一背景下，社会对汽车维修专业人才的需求不断增长，并对其规格和综合素质提出了更高的要求。整个汽车工业也逐渐从制造业向服务业转变，相应的汽车服务行业也迅速发展。社会对汽车维修专业人才的需求越来越大，对其规格和综合素质也提出了新的要求。中职学校在培养汽车维修行业人才方面扮演着重要的角色。为了培养与社会发展相适应的技术人才，对中职学校进行深度改革并调整培养模式是非常必要的。

（一）中职汽修专业学生学习状况形成的原因

1. 学校因素

中职汽修专业的学生学习成绩差的主要决定因素源于学校教育的瓶颈。汽修专业需要强调实践操作能力的培养，但中职学校不同程度存在着实践教学资源不足、实训设施不完善、过于注重传统的课堂教学、缺乏多样化的教学方法和教学资源、没有针对性地进行个性化辅导和指导等各种问题。同时，部分中职学校与汽修行业缺乏紧密的合作关系，学生缺乏与实际工作环境接触的机会。

2. 家庭因素

培养学生成为整车装备技师和汽车质检师等中高端人才是现代汽修专业的发展方向。但目前，个人素质和文化水平对学生的教育能力和学习成绩有一定的影响。不正确的父母教育方法、不平衡的教育和家庭教育水平低等因素可能导致学生在学习初期就缺乏兴趣，并最终影响他们的学习成绩和专业底子。

3. 社会因素

目前，从主流视角看，社会上一些消极因素可能对中职学生的学习产生负面影响。有些家长和学生可能存在对学习投入与回报的误解，认为花费大量时间和金钱去念书并不一定能获得较高的收益，而选择直接参与工作或经商来获取经济收入。这是导致有的学生在中途退学的主要根源。这种观点在一定程度上反映了社会对职业教育的认知和价值观的偏差。

（二）中职汽修专业学生学习转化的教学策略

1. 循序渐进，强化激励，明确学生学习的培养目标

汽车机械识图和汽车电子等基础课程内容具有较强的专业性和难度，而汽车维护和钣金喷涂等技能课程需要学生进行实践操作。在教学过程中，教师应采取循序渐进的方法，从简单到复杂，逐步引导学生掌握知识和技能。同时，通过激励和奖励机制，激发学生的学习兴趣和积极性，帮助他们克服困难，提高学习效果。同时，学校应以学生的实际情况为出发点，了解学生的学习背景、能力和兴趣，根据不同学生的特点制订个性化的学习计划和目标。这样可以增强学生的学习信心，减少他们的厌学和消极情绪，提高学习动力和成就感。

2. 协调合作，强化管理，激发学生的学习热情

考虑到实习设备的笨重性和高安全性要求，小组合作是一种常见的教学方法。通过小组合作，学生可以互相协助和配合，共同完成实训任务。可以根据学生的能力和兴趣，进行组内异质性分组，让学生在各自的优势领域展示自己，并通过互补合作使整个小组取得更好的成果。同时，要建立实训车间内的规章制度，明确学生在实训环境中的行为准则和纪律要求。这些规章制度可以包括时间管理、安全操作规范、设备使用规定等，确保学生在实训中有明确的指导和约束。实训教师应建立并严格执行课堂纪律，包括要求学生按时到达、专心听讲、遵守安全规则等。教师要有权威，能够有效地管理和引导学生的学习行为。

3. 因材施教，有的放矢，促进学生不断进步

学生在面对艰巨的学习任务和挑战时，可能会出现动力不足、自信心不足、焦虑等心理问题。教师应关注学生的情绪和心理状态，倾听他们的困惑和挣扎，并提供相应的支持和引导。每个学生的学习情况和心理状况都有所不同。教师应根据学生的个体差异，实施因材施教的原则，针对学生的具体状况进行分析和诊断，并制定相应的教学策略和措施。这样可以更好地满足学生的学习需求，提高他们的学习动力和积极性。教师应关注学生的每一个进步和努力，并及时给予肯定和鼓励。这种积极的反馈可以增强学生的自信心和学习动力，促使他们更加积极地投入学习。教师可以通过定期的评估和反馈，帮助学生认识到自己的成长和进步，激发他们继续努力的动力。

第二节　中职学校汽修专业现阶段存在问题分析

随着社会经济的发展和职业需求的不断变化，职业教育在培养高素质技能人才和提升就业率方面发挥着重要作用。然而，目前职业教育领域存在着教学与科研"两张皮"的现象，即教学与科研不同步、不协调的问题。为了促进职业教育高质量发展，我们需要深入探讨这一问题的原因和影响，以破解职业教育教学科研"两张皮"的困境。

一、中职汽修专业教学中存在问题

（一）教学内容与时代相脱节

一是汽修专业学生基础较差。由于中等职业教育在社会的认可程度不高，读普通高中进入大学，往往成为大多数人的首选目标。随着高等院校和普通高中的不断扩大招生，有的地方普职比例严重失调，为招揽学生，扩大生源空间，降低入学 门槛，导致生源质量的严重滑坡，普遍学生素养不达标。二是职业教学自身还存 有很多的漏洞，不能够契合广泛社会的发展，专业课程内容结构老化，就业缺乏 竞争力。三是教材过于注重学科知识的理论性、系统性和完整性，缺乏职教特色； 内容陈旧落后，远远滞后于行业发展，学生学习兴趣较低。四是教师的教学理念 过于陈旧，缺乏实践创新性，传统的教学模式已经严重影响学生学习的积极性， 不适合中职汽修专业教学。

（二）教学理念与社会相矛盾

我国不少中专院校在培养汽修人才的时候还是按照"技工"的教学理念来培养的。传统的教育理念强调教师的权威和知识传授，而忽视了学生的主体地位和积极参与。为了改变这种状况，中专院校需要积极转变教育理念，将学生置于学习的中心地位。教师应成为学生的引导者和促进者，激发学生的学习兴趣和主动性。

同时，数字化资源缺乏。一方面，由于数字化教育资源建设投入大，时间长，中职院校建设规划仅仅停留在硬件配置环节，对于软件配置方面并没有引起重视，缺乏数字化、资源性的统筹规划，购置大量的无用的资源，造成库房的冗余。另一方面，一些非专业性的教职人员也加入教学团队，最终导致教学系统漏洞频繁。中职院校都不同程度存在各种问题，包括校内教师队伍自我设立的教学课程，不能引起学生的兴趣，各种教学测评工作做得不到位，学科教师对课件的准备不充分，欠缺规范化、整体性、内容重叠等。

（三）设施设备不足

随着节能环保理念的不断深入，汽车新能源技术、轻量化技术、新控制技术、新传动技术等新技术在汽车上大量而广泛地应用，要求维修人员不但要熟练掌握汽车机械方面的技能，而且也必须熟练掌握电脑、网络等方面的运用技能，运行各种检测诊断数据进行分析从而判断出故障所在，而在以微机为核心的电子技术在汽车各个部分无处不在的今天，在汽修实训基地上依旧以交流发电机、电压调节器、电子点火装置、电喇叭等实训设备知识为主点，汽车新技术实训设备很少，对应的维修检测诊断设备也严重短缺，造成教学与生产实际相脱节，企业对毕业生技能水平尚不够满意，加上各级技能竞赛指定训练设备相对缺乏，导致技能竞赛、实训水平难以进一步提升和显现，影响专业品牌形象。

（四）师资建设滞后

一是由于专业课教师都是从专业学校毕业的，缺乏解决实际问题的能力，跟一线汽车维修人员存在一定的差距，没有具体汽车维修案例的积累，所以也就缺乏解决实际问题的能力。二是还没有形成实训指导教师崇尚实践动手能力提高的良好氛围。俗话说"名师出高徒"，建设"双师型"教师队伍是实验实训教学质量的保障。而我们在职高专业课教师职称评定、聘任、绩效工资等方面未能获得平稳的补足，而技能教育渗透性不深，且职业评定整体不够理想，车间技能训练活动还待做进一步的促进。

二、中职汽修专业教学中存在问题的原因分析

（一）汽修专业教师队伍质量良莠不齐

目前，在大多数的中职汽修专业的教师团队中，其人员来源大都是从各大院校毕业的毕业生直接入职，更有甚者，一些教师出现专业不对口的现象，出现了

从其他诸如电子、机械类的专业中跨学科。然而，在貌似十分光鲜的学历下，他们却缺少汽修专业最重要的实践操作经验与能力。

此外，随着汽车产品不断的更新换代，一批具有新特点、高级别的汽车进入中国的市场，这些半路出家的新教师，在边学边教的情况下，何谈对学生进行理论联系操作实践的教学？其教学效果必然大打折扣。最后，受传统应试教育理念的影响，一些汽修专业的教师在教学方法上，表现过于保守僵化，单纯地以照本宣科的方式开展相关教学，然而在貌似事无巨细面面俱到的课堂教学中，学生能够真正学到、真正掌握的恐怕却远远不尽如人意。因此，作为汽修专业教学的中坚力量，教师的教学质量与水平严重制约着我国汽修专业教学的水平与质量，必须引起相关政府与教育部门的重视。

（二）学生缺乏学习兴趣，自主学习能力欠缺

中职院校的学生是一个相对特殊的群体，与其他公立学校学生相比，主要存在以下几个问题。首先，中职院校的学生基础差，底子薄，相应的思想觉悟水平也偏低。在他们的眼中，学校汽修专业只是为了能够获得一门养家糊口的技术，而其他的与之无关的学科则可有可无形同虚设。因此，对其它的学科抱有一种偏见与淡漠。其次，学习汽修专业的学生大多以男生为主，他们正处于生理、心理的叛逆期，其情绪表现为相对的不稳定，因而经常出现一些逆反行为或者心理。此外，由于男生之间的哥们义气，很容易形成一些帮派，在一些管理较为疏松的中职院校，学生结伴出校上网打架、缺课旷课的现象早已屡见不鲜、司空见惯，这必然为学校的正常管理与运作构成极大的不稳定因素。最后，中职院校的学生群体很难形成浓厚的学习氛围，加之长久以来学生家长对中职的种种偏见，认为只要孩子能学到既定的汽修技术，便可任其肆意妄为，从而导致对学生综合文化素养与心理健康的关注，出现了学生不愿学，学校老师很难管理的局面。

（三）对汽修专业缺乏重视，教材设备亟待完善

常言道："巧媳妇儿难煮无米之炊。"当下，日新月异的汽修专业需要更为先进的设备完成教学任务，其对中职汽修专业陈旧的教学设备现状带来很大的挑战。由于缺乏足够的企业重视与政府管理，相应的专业教材与实践设备很难满足

学生与市场的需要。在一些学校的校企合作办学模式下，二者并非真正的互利共赢的关系，使得中职的学生既没能在汽修实践中提升实践经验，又无法在企业中凭借一己之技生存下来。此外，一些中职院校的汽修专业教材相当落后，例如在其中作为教学案例的车型竟然还有东风 EQI1090 或者 CAI091 等，这些专业教学案例与现实市场需求严重脱轨，因而既不能解决学生未来面临的实际问题，又不能有效激发学生的学习兴趣。因此，在相关部门资金技术的不重视下，汽修专业的教学设备与教材亟待完善与提高。

（四）教学与科研不同步

在职业教育领域，教学与科研发展不同步的问题普遍存在。许多职业教育机构注重实践教学和技能培养，但科研水平相对较低，科研成果的转化应用不足。职业教育领域普遍存在注重教学任务完成，但对科研的关注度较低的情况。教师主要将精力放在课堂教学和学生指导上，缺乏时间和资源进行科学研究。部分职业教育机构在教学和科研资源配置上存在短期利益导向的问题，偏重于满足就业需求和培训市场，而忽视了长期的教学和科研发展。

教学与科研脱节导致教师的教学内容与前沿知识和技术发展不相适应，教育质量无法与时俱进，无法满足产业发展对人才的需求。缺乏科研的支持和引导，职业教育难以实现创新与升级。科研是推动职业教育发展的重要驱动力，只有加强科研工作，才能不断提升教学内容和方法。教师是职业教育的中坚力量，但由于教学任务的压力和科研资源的匮乏，教师的专业发展受到限制。缺乏科研支持和科研成果的认可，可能导致教师的学术动力下降，进而影响其教学水平和教育质量。职业教育体制相对于普通教育存在一些特殊性，政策与机制不够完善，对科研的支持和激励机制有待改进。职业教育领域的科研资源较为匮乏，包括资金、设备和人才等方面的支持不足，制约了科研工作的开展。长期以来，职业教育注重实践教学和技能培养，科研意识和科研能力培养相对薄弱。需要转变观念，认识到科研对于职业教育发展的重要性。

｜第二章｜
国外汽修教学模式比较分析

职业教育是与产业发展紧密联系在一起的，发达国家的产业发展为职业教育的蓬勃兴起创造了有利条件，以强化学生技能素质为宗旨的教育理念，使各具特色的职教模式显示出明显的灵活性。政府的积极扶持政策所形成的导向作用，对于推动职业教育发展进入快车道具有强大的助动力。放眼世界，不少国家都有适合本国经济发展的职业教育基本模式。最闪亮的有德国的"双元制"模式、北美的 CBE 模式、澳大利亚的 TAFE 模式、新加坡的"教学工厂"模式等。

第一节　德国的"双元制"

德国双元制模式是德国的一种职业教育模式，也是德国经济腾飞的秘密武器。所谓"双元制职业教育"，就是将工厂企业和职业学校紧密结合起来，通过在企业和学校中的实践和理论教学相结合的方式，培养适应实际工作需求的技能工人和专业人才。它的优势在于能够满足企业对专业技能的需求，培养出与实际工作紧密匹配的人才。企业在培训学生的过程中发挥重要作用，他们提供实际的工作环境和实践机会，使学生能够直接接触和应用所学知识，从而更好地适应工作要求。

一、什么是"双元制"？

德国双元制职业教育由德国政府组织 IHK（德国工商业行会）、HWK（德国手工业协会）、企业联合学校为学生提供带薪学习，由学校教授理论知识，企业安排导师传授实践职业技能的一种教育模式。BBS 学制为 2 ～ 3.5 年（大部分需要 3 年学制，一少部分专业为 2 年和 3.5 年学制），一般主体为中学毕业生，其智力特征以形象思维为主，培养目标为技术管理人员。教学分别在企业和职业学校里交替进行，约 60% ~ 70% 的时间在企业，40% ~ 30% 的时间在学校。

在德国的双元制职业教育中，企业和职业学校共同承担对学生的培训工作。培训的组织方式是企业提供实际操作方面的培训，而职业学校则完成相应的理论知识培训。这种分工合作的方式确保了学生能够获得全面的职业教育和培训。在这种教育模式下，职业学校起到了重要的角色，为学生提供理论知识的教学。与此同时，学生也需要在企业中进行实际操作的培训。学生在企业中参与实际工作任务，运用在职业学校学到的理论知识，逐渐掌握和提升实践职业技能。这种双元制的职业教育模式旨在培养具备实践能力和专业知识的技术管理人员。通过与企业密切合作，学生能够获得真实的工作经验，并将理论知识与实际操作相结合，这为他们未来的职业发展奠定了坚实的基础。

德国的双元制职业教育模式通过企业和职业学校的紧密合作，为学生提供了全面的职业培训，使他们能够在实践中不断成长和发展。这种模式的成功在于有效结合了理论和实践，满足了企业对技能人才的需求，并为学生提供了多样化的学习机会和职业发展路径。

二、双元制与德国百年家族企业

德国是欧洲国家中的后起之秀，在很长的一段时间里一直处于分裂的状态，直到 19 世纪 70 年代，德意志地区的普鲁士通过打赢几次重要战争（普丹战争、普奥战争），并在普法战争中打败了强大的法兰西第二帝国，才完成了德意志地区的统一，一个真正意义上的德国才出现在了世人的眼前。

然而，虽然德国的建立晚于英国、法国等老牌欧洲强国，但是德国在建国之后却展现出了惊人的"爆发力"。在经历了第二次工业革命之后，德国的国力迅速发展，很快就能跟当时的世界第一强国——英国"掰手腕"，并以一己之力发动了两次世界大战。虽然两次世界大战都以德国的战败而告终，但是德国总是可以"浴火重生"，在低谷中重新崛起。时至今日，德国依然是一个高度发达的工业国，经济总量居欧洲首位，且拥有完善的社会保障制度。

德国的很多企业也是非常顽强，在这个人口只有大约8000万的国家里却拥有着超过800家200年以上历史的企业，上千家超过100年历史的企业，这些企业甚至在当今世界依然处于领先的地位，享有很高的知名度，当今世人所熟知的宝马、奔驰、万宝龙、西门子等百年企业均在其中，这些也都是德国人的骄傲。

德国百年家族企业的成功首先源于德国中世纪就开始的"双元制"。这种侧重实践的教育形式非常受欢迎，以至于很多年轻人都选择了半职业的课程。双元制的本质在于，向年轻人提供实践技能培训，使其掌握职业能力，而不是简单地提供岗位培训。"双元制"职业教育不仅注重基本从业能力、社会能力而且特别强调综合职业能力和职业素养的培养。德国人的工匠精神造就了德国的强盛，双元制教育是德国经济腾飞的秘密武器，他为提升德国经济的竞争力输送大量高水平技能人才，政府的高度重视与全民的认可以及薪资待遇都体现出了双元制教育出身的各领域人才的社会地位。

德国的"双元制"教育确实是一个成功的模式，其特点是企业与学校共同承担教育责任，重视根据行业和企业需求培养高技能人才。双元制职业教育模式也被认为是应对收入不平等的重要手段之一。通过提供职业培训和确保就业率，该模式为学生提供了一种获得稳定就业和良好收入的途径。德国制造业工人的收入在OECD国家中处于较高水平，这部分归因于他们经过双元制职业教育所获得的高技能和市场竞争力。2020年，德国制造业劳动者报酬增加值比重高达18%，远高于英国的11%和美国的9.5%。德国"双元制"教育是一项复杂的系统工程，精髓在于企业与学校共同培养人才，进行国家认可的300多个工种中的某一个工种的职业培训。在德国的双元制教育中，企业和学校共同承担教育责任，而企业在其中扮演着主导的角色。这种合作关系确保了学生接受到与实际工作需求相符的培训。这种高度专业化和实践导向的教育模式使得德国的双元制职业教育在国际上备受瞩目。它为学生提供了实际工作经验和职业技能，为学生的职业发展奠定了坚实的基础。

德国"双元制"教育须四方参与，即企业、职业学校或应用型高校、行业协会与学生。企业在招收学生、实施培训计划、支付学生工资以及人员留用等方面发挥决定性作用；学校负责应用型教学与理论课程；行业协会则负责审核相关方的培训资格、培养方案，监督培训过程并组织考试等。企业需为"双元制"培训岗位留出年度预算，学校按企业与行业需求培养学生的同时，获得企业、联邦州或联邦政府的资助。参与"双元制"中等教育与"双元制"高等教育的学生首先需要提供包括德国语言能力在内的申请材料，与企业进行面试通过后，再和企业与学校签署三方协议。"双元制"中等教育与"双元制"高等教育一般为期3年，企业为学生支付学校理论学习阶段的月薪、社会保障金及圣诞金，并提供带薪休假等福利待遇。

在德国，接受"双元制"职业教育的学生毕业后有多种就业机会，在总计约40万的教育企业中，大约2/3的教育企业会直接任用他们的学员。绝大部分毕业生在毕业后直接从事相关的职业，有的选择继续进修以进一步提升技能，有少部分学生转向其他职业。只有极少数人在毕业后未就业。整体来看，数据显示德国青少年的失业率总体为5.2%，相对国际水平较低，一定程度上也说明毕业生就业市场良好。在薪金酬劳方面，平均工资为每年2.5万至3.5万欧元，可较好满足其生活需要。德国"双元制"职业教育体系培养了符合生产实践的技术人才，毕业后有着良好的职业前景，在社会上能够得到广泛认可，这也是德国众多学生青睐职业教育，使得"双元制"职业教育得以发展的重要原因。

三、德国职业技术教育与"双元制"

双元制最大优势在于以德国劳动力市场职业导向，职业教育毕业生就业率高，就业质量也高。即使在学徒期间，学生每个月也能拿到一两千欧元津贴。不过大多数人选择双元制是想通过这个成本最低的方式实现合法留德，因为双元制学习期间加上正式工作2年以后就可以申请德国永居了，0学费+带薪学习，就能实现留德移民，关键是工作还有了保障，确实性价比非常高。

不同于其他国家的半工半读，所有学员的权益由德国职业教育保护。德国双元制职业教育被世界称为德国的"国宝级"教育体系，是德国经济腾飞的秘密武器，也是德国制造业神话的创造者。我国政府多次派专家、学者、教授赴德考察和学习的一种教育模式。德国政府对长达 3～4 年的职业教育的支持力度，绝不亚于对高等教育的推进。《德国联邦职业教育法》中，有一条就是，德国所有企业都可以和职业学校联办教育，只要你联办（也就是说让学生去你的公司做培训），每培养出来一个学生，政府就补贴给你 4000～6000 欧元。

德国有 200 多万家企业，接近 50 万家联办职业教育（比例高达近 20%），大多是西门子、博士、宝马、保时捷等大中型企业。接受双元制职业教育的学生，不仅积攒了经验，还能从企业那里领钱（生活补贴为主），毕业后留在企业的比例非常高，真正地实现"用人单位抢着要"。

第二节　北美的 CBE 模式

以能力为基础的教育（Competency-based education，CBE）是一种注重学生能力培养和实际应用的教育模式。它强调学生掌握和展示特定的能力和技能，而不仅仅是传授知识。CBE 模式在美国和加拿大等地的职业教育中得到广泛应用，并被认为是一种先进的职业教育模式。CBE 模式的优势在于它能够更好地满足职业教育的实际需求。通过注重实际能力和个性化学习，学生可以更好地准备自己的职业发展，并适应多样化的职业需求。

一、CBE 模式的特点

CBE 是一种以培养学生的职业能力为核心的教育模式，它侧重于根据职业工作岗位所要求的知识、技能和能力来组织课程和教学。在 CBE 中，通常采用 DACUM（Developing a Curriculum）课程开发模式。这种模式通过与相关行业专家合作，制定明确、具体的行为化教学目标，以此作为实施教学和评价学生的标准。这样可以确保学生在完成学业之后能够达到预定的职业能力水平。CBE 的一个重要特点是个性化教学，它能够适应学生的不同情况和特点。这意味着学生可以根据自己的学习需求和兴趣，选择适合自己的学习路径和方式。个性化教学可以更好地满足学生的学习需求，提高学习效果和学生参与度。

CBE 模式的科学性体现在它打破了传统以公共课程和基础课程为主导的教学模式，它强调以特定岗位所需的职业能力为核心，确保学生能够顺利实现职业能力的培养目标。这种模式更加贴近实际工作需求，使学生在学习过程中直接接触和培养实际应用能力。通过 CBE 模式，学生可以更加有针对性地学习和发展，为未来的就业做好准备。同时，CBE 模式还促进了与行业的密切合作，确保教学内容和方法与实际职业需求保持一致。

一是从职业岗位的需要出发，确定能力目标。CBE 模式是一种以学生能力为中心的教育方法，强调学生实际掌握的能力和技能，而非传统的学时和课程。学校会聘请行业专家组成专业委员会，以明确特定职业所需的能力和培养目标。专业委员会将根据职业需求逐层分解能力，并确定学生在从事该职业时所应具备的具体能力和技能。这个专业委员会会根据职业的需求逐层分解，并确定学生在从事该职业时所应具备的具体能力和技能。接下来，学校会制定教学大纲，明确规定每个能力模块的教学内容、学习目标和评估标准。教学大纲为教师的教学实施提供指导，确保学生在每个能力模块上都能达到预定的目标。

二是 CBE 模式以能力为基础，而不是以学历或学术知识体系为基础。它强调对学员原有经验所获得的能力进行考核和认可，而不仅仅依赖于学习特定的学科知识。CBE 模式强调严格的科学管理，灵活多样的办学形式。学校可以随时招收不同程度的学生，并根据学生的情况决定学习方式和时间。课程的长度可以灵活调整，毕业时间也可以因个人差异而不一致。这种灵活性使得教育可以实现小批量、多品种和高质量的特点。通过这种灵活性和个性化的教学方法，CBE 模式打破了传统的以学科为科目、以学科的学术体系和学制来确定学时安排的教育体系。它更加注重培养学生在特定岗位群所需的职业能力，确保学生能够顺利实现职业能力培养目标。

三是如何使学员具备从事某一职业所必需的实际能力。CBE 模式是一种基于能力的教学思想和实践模式，旨在通过确定培养目标、设计教学内容和方法、评估教学效果等方式，以从事特定职业所必需的能力为出发点进行教育。由于不同国家和学校对能力本位教育的理解和实践存在差异，因此在具体实践中可能会有不同的侧重点。尽管在具体实践中存在差异，但 CBE 模式的核心思想是以能力为导向，以从事特定职业所必需的能力为出发点进行教育。它注重学生能力的培养和发展，并通过灵活的教学方法和评估方式，确保学生能够达到职业能力的要求。

二、CBE 模式与能力本位教育

在能力本位教育中，"能力"指的是一种综合的职业能力，它包括了知识、态度、经验和反馈这四个方面。这些方面共同构成一个人在特定职业领域中所需具备的能力。

第一，知识（Knowledge）：指与本职相关的知识领域。这包括专业知识、技能和理论等方面的知识，以及与特定职业相关的背景知识和实践经验。

第二，态度（Attitude）：指动机、情感领域。这包括个人的职业态度、价值观、职业道德和职业意识等方面。良好的职业态度对于成功地从事特定职业至关重要。

第三，经验（Experience）：指活动领域。这包括在特定职业领域中的实践经验、实习经历以及与职业相关的项目参与等。通过实际的工作经验，学生可以更好地理解和应用所学的知识和技能。

第四，反馈（Feedback）：指评价、评估领域。这包括学生对自己的能力进行自我评价、教师和专业人士对学生能力的评估、以及来自实际工作场景中的反馈和评估等。反馈有助于学生了解自己的发展需求，并促使其不断提升和改进。

这些方面共同构成了一个学习模块，也称为"专项能力"。而若干个专项能力又组合形成了一个更综合的能力，称为"综合能力"。最终，多个综合能力的组合构成了某种特定职业所需的"职业能力"。能力本位教育强调的是通过培养学生在这四个方面的综合能力，使其能够适应特定职业的需求，并在实际工作中

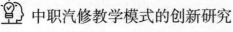

取得成功。这种教育模式注重将理论知识与实践经验相结合，培养学生全面发展的职业能力。

三、CBE 模式的历史与发展

（一）20 世纪 60 年代

在美国的课程改革运动中，教育质量问题被认为与教师的教育和教学能力不足有关。为了提高教师的专业水平和教学效果，人们开始呼吁改革师范教育，以培养与教师工作相关的能力。1967 年，为了替代传统的学科培养教师的师范教育，提出了能力本位教育作为新的方案。这种方案强调教师必须具备特定的能力标准，将教师工作的不同方面具体化为能力要求。1968 年，联邦政府在对美国 10 所大学进行拨款时，要求这些大学开发培养担任初等学校教师的课程模块。这些模块不仅包括学习者成为教师前需要达到的具体能力和要求，还包括如何对这些能力进行测量和评估的说明。在这一阶段，教师培训不再仅仅关注学科知识的传授，而是更加注重培养学生在教学实践中所需的能力。教师需要具备教学技能、学生管理能力、个人与专业发展能力等方面的能力，以提供高质量的教育服务。

（二）20 世纪 70 年代

能力本位教育思想日渐成熟并开始运用到职业教育和培训中来，并被广泛应用于北美和世界其他一些地区的职业教育和培训中，其中尤以北美盛行。美国休斯敦大学的著名教育心理学家布卢姆在提出掌握性学习模式和反馈教学原则的基础上，开发出一种新型突出能力培养的教学体系。这种能力本位的教学体系强调职业能力的培养，确保学生具备在实际工作中所需的技能和知识。它将教育与职业需求相结合，为学生提供与职业岗位紧密匹配的培训，提高其就业竞争力并为其未来的职业发展奠定基础。这种教学体系在北美地区得到广泛应用，为职业教育和培训领域带来了积极的变革。

随着时间的推移，人们逐渐意识到仅仅具备完成单个任务的能力并不足以确保个人的成功，人们开始认识到成功所需的能力不仅仅是狭义的操作技能，还包括更广泛的认知、情感和社交能力。因此,现代的能力本位教育已经超越了狭义的行为主义观点,更加注重培养学生的综合能力和素养,包括批判性思维、创新能力、问题解决能力、沟通技巧、合作能力等。教育机构和教育者开始认识到,培养学生的综合能力和发展其个人素养对于适应现代社会和职业要求至关重要。

(三) 20 世纪 80 年代

20 世纪 80 年代中后期和 90 年代初,能力本位教育思想开始在许多国家和地区推广,包括欧洲、亚洲和澳大利亚等地。主要的英联邦国家,如英国、澳大利亚和新西兰,根据能力本位职业教育思想重新构建了国家的职业教育与培训体系,将能力本位教育思潮推向了新的高度。这种推广与产业界对提高劳动者职业能力的强烈要求密切相关。当时,企业界普遍反映,现行的职业教育与就业需求之间存在严重脱节的现象。教育体系过于注重知识和理论的传授,而忽视了实际操作能力的培养。企业界认为,在岗位上展现出的实际操作能力才是职业能力的真正体现。职业能力包括专业能力、方法能力和社会能力等多个方面。因此,为了满足产业界的需求,这些国家开始重视培养学生的实际操作能力,并将能力本位教育思想应用于职业教育和培训体系的重建中。这些国家通过与企业合作,确定职业岗位的能力需求,并根据这些需求设计课程和培训内容,以确保学生毕业后能够具备实际工作所需的能力。

(四) 20 世纪 90 年代

在能力本位教育思潮盛行后期,确实出现了对于"关键能力"的强调。关键能力是指人们在职业或专业领域中所需要具备的重要能力,也被称为"创新能力"或"高端人才"的高智能能力。随着社会的快速发展和技术的不断进步,传统的职业能力已经不再足够应对复杂多变的现实需求。关键能力强调个体在面对新问题和挑战时的创新能力和高智能能力。这些能力包括批判性思维、创造性思维、解决问题的能力、适应性、团队合作、领导能力等。关键能力的培养旨在培养具有灵活性、创新性和适应性的高级人才,他们能够应对复杂的职业环境和挑战,并提供创新的解决方案。这种能力的培养对于推动社会创新、促进经济发展以及应对未来的变化具有重要意义。加拿大在能力本位教育思潮的引介和推动方面发挥了重要作用。作为一个先进的教育体系，加拿大强调培养学生的综合能力和关键能力，注重创新、实践和跨学科的学习。这种教育理念在中国也逐渐引起了重视，并在一些高等教育机构和职业教育培训机构中得到了应用。

四、CBE模式的影响与评价

由上可知，能力本位教育最大特点是整个教学目标的基点是如何使受教育者具备从事某一种职业所必需的能力，因此目标很具体，针对性强。与传统的职业教育教学模式相比，能力本位教育有以下四个优势：明确的教学目标、基于职业分析的课程内容、个别化的学习和及时的反馈与评价。这种教育模式突破了传统学科课程的划分，将理论知识与实践技能结合起来，并将学习者置于学习的中心。

能力本位教育也存在一些局限性。例如，在教育目的上，它可能过于强调行为能力，而忽视品德的培养。在教育方法上，它强调针对具体工作进行培训，可能会对职业迁移性和继续学业产生影响。尽管如此，能力本位思潮为职业教育体系的改革提供了新的思维动力。它推动采用职业分析、能力导向的教学内容设计以及产学合作等方法和形式，有效地缩小了职业教育与经济发展之间的鸿沟。虽然，当前的教育趋势更加注重综合素质和人格发展，但能力本位教育仍然具有重要的意义。它强调培养学生的实际能力和职业适应能力，使他们能够更好地适应职业发展的需求。因此，能力本位教育在职业教育领域仍然具有市场地位和应用前景。

第三节　澳大利亚的TAFE模式

TAFE模式是澳大利亚职业教育和培训系统的重要组成部分，它与普通教育并非完全分割，而是相互衔接。TAFE模式的优势在于它提供了灵活性和职业导向的教育机会。学生可以通过 TAFE 系统获得实用的职业技能和知识，并在就业市场中具备竞争力。对于那些希望在特定行业就业或追求职业发展的人来说，TAFE 提供了一种有效的学习途径。

一、TAFE 模式的特点

TAFE 模式为新型的现代学徒制度。其核心是"以职业能力为本位"，TAFE 是学院，其学员 80% 的时间是在工作场所，进行工作本位的学习，只有 20% 的时间在 TAFE 进行学校本位学习。为确保教师与产业界的密切联系，TAFE 要求专职教师每周至少有一天、每月有几天、每年有一段时间离开学校，到行业或企业内从事专业岗位实践。这使得教师可以与行业保持紧密联系，了解最新的行业趋势和要求，从而更好地指导学生。

TAFE 开设的课程具有很强的针对性和实用性，涵盖了各种不同的学习时长，短至 12 周，长达两年。TAFE 模式非常重视学院学习条件的改善和优化。为此，学院投入大量资金建设实验室、实习工场，并配备先进的仪器设备，以提供学生实践和实际操作的机会，增强他们的职业能力。TAFE 提供三种不同的途径，包括公有类、社团类和私立或企业内在职培训。这种多样化的途径为学生提供了更多选择，可以根据自己的需求和情况选择最适合的学习方式。

二、TAFE 模式的优势

"毕业即就业"是 TAFE 学院的教育理想和终极目标。TAFE 是世界上为数不多的通过 ISO9001 认证的教育体系，是注册的培训机构 RTO，获中国教育部认可。"毕业即就业"，"帮助每个学生尽快找到工作"，是 TAFE 学院的教育理想和终极目标，因此更注重培养学生的动手和实际操作能力。

澳大利亚政府非常注意学习以及就业的衔接，所以对于 TAFE 教育非常重视。并且由于澳洲 TAFE 院校与澳洲部分大学设有衔接课程，所以，学生可在 TAFE 院校中的本科 / 大专课程完成大学 1 ~ 2 年级的课程，然后申请转学到澳洲普通大学本科课程，毕业时直接获得澳洲大学所授予的本科学位。

TAFE 模式的优势为：

第一，实用性。

大学和 TAFE 之间最大的区别就是是实用性。大学更注重学术内容研究，但 TAFE 更加注重如何实际操作。通过 TAFE 就读完课程后，毕业生们会更快地进入社会生产角色。小班制教学 TAFE 采用小班制教学，让每个就读的学生都能得到老师提供的帮助。

第二，就业率高。

因为在上课期间会有大量的实践课程，这让学生更容易把书本上的知识带入实际社会生产中。而且，一些课程还会提供大量的实习内容，实习累积了经验会远好过只有理论知识储备。所以，毕业生在就业率方面还是非常高的。

第三，学费较低。

和澳洲大学相比，TAFE 的学费要远低于这类大学，每年课程学费在 1 万澳币左右。就读 TAFE 是一个性价比非常高的选择。毕业后可找高薪工作，前期就读投入相对较少。入读门槛相对低，想要入学 TAFE，需要提供语言成绩，雅思 5.5 即可，学历方面高中学历即可。

第四，低分移民。

从移民角度来看，就读完 TAFE 后做职评，很多职业都有 65 分获邀的记录。例如厨师、木工、电工等。

第五，转名校。

或许有些同学志不在此，还是想要就读澳洲更好的名校，奈何自己当前学术条件有限，针对这种情况，一些 TAFE 学校也提供本科课程，就读这类课程后再转学或升学到澳洲名校，这样的方式成为一些同学通往澳洲大学的"跳板"之一。

三、TAFE 模式与澳洲汽车工业

澳洲是一个汽车文化浓厚的国家，因其特殊的地理位置，拥有着庞大的汽车市场和消费群体，因此汽车服务行业一直都有着经久不衰的地位，汽修也成为了澳洲的高需求职业。而在 TAFE 中，汽修也是一个较为常见的专业，该专业不仅实用性强，后续若有移民打算也是可行的。因为其操作性强，一般来说，该专业的学生基本就是一个"毕业即就业"的状态，且 TAFE 学院的申请条件普遍都低于大学的难度。

澳洲的汽车及汽车周边的市场前景相当好，供不应求的情况下，以致汽修岗位成为了移民职业清单上的一员，俗话说物以稀为贵，汽修相关岗位的薪资自然是十分有吸引力，所以这也促使越来越多留学生选择到澳大利亚报读汽修专业的关键原因。澳洲汽修行业是一个庞大而多元化的行业，包括轻型和重型车辆维修、机械维修、自动化和控制系统等方面。在该行业中，职业包括汽车技师、机械师、工程师和维修技师等。据澳洲政府职业展望数据，汽车技师和机械师等职业的就业前景属于稳定的。同时，由于许多从业者退休或离开该行业，将需要更多人才填补空缺。并且，汽修在澳洲的平均年薪约为 63,000 澳元，如果是机械师年薪会更高，也会按照工作经验的多少来调整薪资。汽修工的职业评估机构是澳大利亚职业技术认证中心（TRA），而且还可以申请有效期 2 年的毕业生工作 485 签证。

如今，澳洲汽修行业目前正面临着人才短缺的情况，根据 2204 年 2 月 16 日最新公布的全澳和各州劳动力市场报告中显示，汽修被认定为当下人才最紧缺的职业，尤其是在技术高超的领域。汽修专业可以走的移民通道有技术移民和雇主担保移民，由于技术移民是打分制，是根据学历、雅思、年龄、专业、工作经验来打分的。而雇主担保的要求相比技术要少很多，申请人可凭借自身的专业技能及工作经验从而获得澳大利亚雇主的提名、担保而获得 PR。

第四节　新加坡的"教学工厂"

新加坡是"亚洲四小龙"之一，这一切的背后，极大程度上得益于高校培养出国家人才的教育体制。自1965年独立以来，新加坡一直非常重视教育的发展，并将其视为国家发展的关键因素之一。在最近一次由国际学生能力评估项目（PISA）评选的全球教育水平排名中，新加坡教育位列第一，其中"新加坡模式教学"已经成为多个国家效仿的对象。

换句话说，企业为学校提供先进设备、研发资金和实习岗位，供学校教师研发和培养人才之用；学校为企业提供专业人才、解决技术难题或设计开发项目和产品，真正实现了"校企双赢"。新加坡的"教学工厂"教育模式注重培养学生实际应用技能，使他们能够迅速适应工作环境和市场需求。这种校企合作的模式有助于学生更好地理解实际工作流程，提升实践能力和就业竞争力。

一、新加坡职教体系现状

新加坡的职业教育体系最初受到英国传统教育制度的影响。这种制度注重因材施教，致力于培养精英人才。新加坡在发展职业教育时，借鉴了德国的"双元制"模式，并进行了优化升级。这种模式将理论学习与实践培训相结合，强调学生在实际工作环境中的能力培养。1979年，新加坡成立了工业与职业训练局，全面负责技术人才的培训工作，这便是新加坡职业教育最初的雏形。1979年，新加坡成立了工业与职业训练局，全面负责技术人才的培训工作。这标志着新加坡职业教育体系的初步形成。新加坡打造了工艺教育学院（ITE）作为其特色职业教育品牌之一。ITE已经发展成为东南亚乃至世界上最大的职业教育机构之一。通过提供多样化的职业培训课程和实践机会，ITE为学生提供了具有实际应用价值的技能和知识。

首先，大力推行校企合作。其中最负盛名的便是新加坡的"教学工厂"模式。新加坡国立大学东亚研究所高级研究员余虹曾对此深入浅出地进行阐释："从实际来看，这种'教学工厂'并不是我们传统意义上认为的实地在工厂内实习，而是把教学和生产紧密地结合起来，给学生们创造一个真实的校内工厂学习环境，学生通过参与真实岗位的生产和实际项目的设计，掌握扎实的专业知识和高超的动手技能。"通过"教学工厂"模式，学生可以在真实的工作环境中学习和实践，与行业专业人士合作，掌握实际技能，并了解行业的需求和挑战。这种实践教学的方式使学生更加接近实际工作要求，增加了他们的就业竞争力。

其次，注重教师综合素质的提升，打造"双师型"师资队伍。"双师"是指在职业院校中担任教师角色的人员具备双重身份，既在学校进行教学，又在企业中解决实际问题和难题。这种模式强调教师具备实际工作经验，并能将其应用于教学过程中，以提供与实际工作紧密相关的知识和技能。通过"双师"模式，学生可以从教师的实际经验中受益，他们可以获得来自行业的洞察和经验，了解真实的工作环境和要求。这种教学模式的优势在于将理论知识与实践经验相结合，使学生能够更好地应对未来的职业挑战。

二、"教学工厂"：强调"无界化"组织管理理念

边界问题是制约产教融合的重要因素。在产教融合的过程中，不同主体之间存在着学校与企业、系科与系科、专业与专业、课程与课程之间的界限和藩篱。新加坡的"教学工厂"模式旨在建立一个无界化的协调管理平台和组建无界化团队，促进学校与企业之间的合作与互动。

（一）协同合作无界化

一是"教学工厂"管理模式呈现企业化、开放性特点。产教融合不仅追求整体融入，还强调全方位、全领域、全过程的特征，注重社会反哺和回馈。通过校企无边界的合作，教学和科研质量得到稳步提升，同时增强了校企合作的延续性。二是"教学工厂"打破不同院系、专业之间的边界。它鼓励各方发挥所长，共同开发综合项目，合作完成工业项目的实施，改变了过去由于科系之间人为设置屏障的情况。三是"教学工厂"更加注重协同合作中政府的深度介入。政府在这方面发挥主导作用，设立专门的指导机构，并投入大量资金设立技术技能专项发展基金。同时，政府还加强立法，制定技术标准和国家证书制度。新加坡通过立法明确了"先培训，后就业，未培训不得就业"的制度，确保学校与企业之间紧密

的联系。这种制度保证了校企关系的紧密性，使之难以割裂。

（二）课程教学无界化

一是"教学工厂"打破了学科本位的课程体系边界。它将项目化教学贯穿整个课程设置过程，强调学科交叉和产业体系融合。学生在学习过程中会接触到不同学科领域的知识，同时将这些知识应用于实际项目。这种综合性的教学方法有助于培养学生的综合能力和解决实际问题的能力。二是"教学工厂"坚持双轨制教学模式。这种模式下，企业派出的工程师与学校教师共同指导学生进行课程项目的开发。教师们能够围绕不同项目模块进行教学，突出理论与实践的融合。学生通过参与生产性的真实训练和模块化、项目化的教学，能够亲身体验企业真实环境，全面了解产线工艺流程，从而培养创新意识和解决复杂工程问题的能力。

（三）平台管理无界化

一是"教学工厂"实验平台与产业前沿平台技术的无界化。最新的设备和仪器被引入学校实验室，构建了前沿的教学实验平台，丰富了学生对工厂环境的直观认识。学生通过产线实习直接进入车间进行实操，从中更好地理解专业知识。通过使用最新的平台解决最前沿的问题，既解决了学生实践脱节的问题，也解决了企业用人不匹配的问题。二是"教学工厂"实践平台投入校企主体的无差别化。企业加大对平台的投资，通过共建共享、一体化建设平台，减轻了政府和学校的教育投入压力，同时缩短了企业员工入职培训周期，减少了培训成本。通过校企合作，企业还可以在产品研发、人力培训和政策优惠等方面获得更多的利益。三是"教学工厂"模式倡导搭建无界化的学习组织平台。这种模式建立了基于问题导向的信息和理念共享平台（SOLID），基于工业项目数据和校企双方师资教学科研资源的共享平台（AES），基于质量评价的持续改进闭环保障平台（AAR），以及基于服务前瞻性思考的知识学习、阅读分享和知识储备的能力提升平台（RRS）。这些平台的建立促进了知识和资源的共享，为学习和发展提供了支持。

三、新加坡"教学工厂"：汽车制造业的未来

无论国产汽车发展如何，未来汽车制造全自动智能化，势在必行的趋势。在新加坡，一家看似普通的汽车工厂实际上是领先科技的产物：一个由自主机器狗和 AI 监控的机械臂运营的全新微型工厂。这个工厂旨在改变汽车的生产方式，它位于全球最小和最昂贵的国家之一。

在这里，与传统汽车制造商在密集城市建厂的常规不同，机器人负责大部分的制造工作，采用更加灵活的模式。微型工厂通过自动化大部分生产流程，并在单独的单元中而不是沿传统生产线组装汽车，彻底改变了汽车的制造方式。

这种微型工厂模型可能是我们未来几年将广泛讨论的趋势。作为汽车制造业数十年来最重大的变革之一，这一模式若被验证有效，将可能塑造整个行业的未来。在这样的工厂中，传统的汽车装配流程被重新设计，以适应更小的空间。机器人在完成汽车的最后装饰工作，这在传统的制造过程中大多由人手完成。

在传统汽车工厂中，汽车沿着线性路径移动，并在装配线上安装零件。虽然这个程序越来越自动化，但其基本流程并未发生重大改变。然而，在这家新型工厂中，情况大为不同。这里采用的是基于单元的模型，工厂地面分布着不同的单元，每个单元专注于不同的任务，这大大增加了自动化的可能性。

每个单元里的机器人被安排安装汽车的几个部分，然后汽车移动到下一个区域。单元可以根据不同的指令进行调整，以适应不同的汽车设计和组装需求。现代汽车公司表示，在其新加坡微型工厂，超过 50% 的制造过程由机器人完成。自动地面车辆负责在工厂内部转移汽车，而装有 AI 摄像头的四足机器人则监控并分析装配过程。机器狗发现的问题随后由人类工人解决。

尽管这是一家规模不大的工厂，它却能像大规模制造商那样生产汽车。这得益于灵活的自动化技术和大量的系统智能，用以指挥制造过程。由于生产高度自动化，该工厂每年生产 3 万辆汽车的产能只需要大约 100 名工人，意味着微型工厂的工人能够生产出比传统工厂工人多两到三倍的汽车。

这种微型工厂模式对未来移动性的设想是，如果在市场测试中发现这是正确的方向，可能会在许多不同的城市环境中看到智能城市移动中心。尽管微型工厂的概念在大规模层面上仍未得到验证，但它们提供了一个展望，显示了随着行业迈向更自动化的未来，汽车制造可能会呈现的样子。

|第三章 |
中国职业教育课程发展现状

　　中国特色社会主义进入了新时代，我国经济发展也进入了新时代，经济发展由高速发展转向高质发展，势必对于我国劳动力提出了更高层次的要求，国内的中等职业教育力量的提升也显得尤其重要。目前，我国中等职业教育的发展呈现良好的发展态势。近年来，国家的政策不断给予职业教育带来福音，促进了中等职业教育不断扩展生源，加之，家长观念逐步转变也壮大了中等职业教育的发展，使得目前的中等职业教育与普通高中同步发展起来。随着全球经济的不断变化和技术的快速发展，职业教育在培养高素质劳动力和促进经济增长方面扮演着关键角色。

第一节　我国职业教育发展现状

一、什么是职业教育

　　职业教育是一种教育体系，旨在为学生提供与特定职业或行业相关的技能和知识。它的目标是培养学生具备实践技能、职业素养和专业知识，使其能够胜任特定职业领域的工作。职业教育与传统的学术教育有所不同，它更加注重实践技能的培养和职业能力的发展。职业教育的学习内容通常与具体职业领域相关，包括技术技能、实践操作、职业道德、职业规范等方面的知识和技能。这种教育形式通常与实际工作场景紧密结合，提供实践训练和实习机会，使学生能够在真实的职业环境中应用所学知识。职业教育可以在不同层次和领域提供，包括职业高中、职业学院、职业技术培训机构等。它涵盖了各种职业领域，如工程技术、医疗保健、商业管理、信息技术、酒店管理、厨艺等。职业教育的重要性在于满足社会对各种职业技能的需求，培养适应就业市场的人才。它不仅为学生提供了职业发展的机会，也为社会经济发展提供了有力支持。通过职业教育，学生可以获得实用的技能和知识，增加就业竞争力，并为自己的职业发展打下坚实的基础。

近二十年来，随着我国经济建设的快速发展，我国职业教育，特别是高等职业教育迎来了蓬勃发展期，据教育部高职发展智库统计，截至 2022 年 5 月底，全国高等职业院校已有 1521 所，其中职业本科 32 所，职业专科 1489 所，国家公办学校 1146 所，占总数的 75%，民办和中外合作办学院校 375 所，占总数的 25%。全日制在校生超过 1300 万人，其中有 584 所院校在校生人数超过 1 万人。但是中等职业教育发展比较缓慢，特别是技工学校和职高有下滑趋势。由于高等职业教育承担着为我国经济发展和建设培养数以亿计的高素质、高技能型人才的重任，所以它越来越受到党和国家的高度重视。近年来，党和国家先后出台了许多支持和规范职业教育改革和发展的法律法规。《中国教育现代化 2035》指出，要加快发展现代职业教育，不断优化职业教育结构与布局。推动职业教育与产业发展有机衔接、深度融合，集中力量建成一批中国特色高水平职业院校和专业。推动职业教育体系的发展机制，打造"中等职业教育—专科高职—应用技术本科—专业型学位硕士 / 博士"的发展通道，逐步提升职业教育服务能力。

二、中国职业教育现状

我国政府高度重视职业教育发展，逐步增加投入，涵盖教育基础设施、师资培养、教学改革等方面。这种投入力度的增加为职业教育提供了更好的发展条件。同时，我国职业教育体系不断完善，包括职业院校、技工学校、职业培训机构等多层次、多样化的教育机构。这种多元化的体系有助于满足不同人群的职业培训需求。此外，越来越多的企业与职业教育机构合作，建立产教融合的机制，实现教育与实际工作的紧密结合。这种合作模式能够提高学生的就业竞争力，同时为企业提供更加适用的人才。

但是中等职业教育也不断暴露出一些问题。一是生源质量不高，大多数学生是因为没考上高中才选择职业教育，后进生的不断堆积也给中等职业学校带来管理的难度，甚至有些中等职业学校只要求不闹事就行，对于他们没有任何学习要求和技术学习要求，使得中等职业教育很难有很大的教育突破。二是部分中等职业学校过分追求利益，学校作为培养人的重要场所，不能忽视育人的职责，而不是把学生当成赚钱的工具，在还没有学到基本的文化知识和基本的职业技能的情况下不断将他们对接到工厂，这不仅限制和阻碍了学生的发展，职业教育的初衷也违背了。三是部分中等职业学校的体系不完善。没有形成完备的培养职业技术人才的体系，缺乏完善的课程体系，忽视文化基础的知识课程，中等职业教育仍然不能离开文化基础的积淀，没有相应的文化知识的劳动者是没法与时代发展同步的。四是教师队伍不完善，师资力量参差不齐，更有甚者是，个别中等职业学校胡乱安排本学校未毕业的学生来直接参与授课。所聘用的教师门槛低，专业要求低，甚至有理论课程老师机械实训课程等，不合理的安排也使得中等职业教育的老师照本宣科，得过且过，教师个人效能低也就使得中职学生的职业技能发展受限。

针对以上问题，应该制定相应的对策，首先，是国家的政策和社会舆论上下功夫。国家应该大力支持和发展中等职业教育事业，社会舆论也要不断更新，中职教育不应该成为考不上高中的学生的聚集处，要改变学生和家长的观念，吸纳更多优质的生源才能更好促进中职教育发展。其次，中职学校要坚持社会效益与经济效益的统一，立德树人是根本任务，只有这样才能培养合格的社会主义事业劳动者、新时代的劳动者，最后，中职教育要不断革新，抓体系，抓师资，对于违规操作的中职学校要严格处理，把严教育队伍和课程安排体系才能更好促进职业教育学生学到真本事。要想促进教育事业蓬勃发展，培养高质量的合格劳动者，国内中等职业教育仍是任重而道远的课题。

三、影响中等职业教育教学质量的主要因素

教学质量是由教师工作质量和学生学习质量两部分组成，并且它是学校办学水平和教学水平的重要反映。影响中等职业教育教学质量的因素可以分为外部环

境和内部条件两个方面。而影响中等职业教育教学质量的因素—外部环境和内部条件，由社会、学校、办学理念、师资水平、生源、教学设施和管理能力等因素组成。为提高职业学校的教学质量，需要关注和改善这些因素，包括加强师资培训、优化课程设置、提升实训基地设施、完善教学管理机制等。同时，也需要积极倡导和营造良好的校园文化，为学生提供良好的学习环境和氛围。只有综合考虑和改善这些因素，才能提升职业学校的教学质量。

(一) 专业设置

专业设置是学校发展的最根本因素之一，对职业学校的教学质量评价体系具有特别重要的地位。专业设置的评价要素主要包括适应性和规范性。专业设置的适应性指的是各专业是否能够适应所在区域或相关行业的现实需求和发展趋势，以及专业技能方向是否与企业的职业工种岗位相匹配。这意味着专业设置应该紧密关注社会的需求，确保学生所学的专业技能与就业市场的需求相匹配，以提高毕业生的就业竞争力。专业设置的规范性是指专业的命名是否符合规范，是否与教育部印发的《中等职业学校专业目录》相近。开设的专业如果与国家确定的重点建设专业相符，应该遵守教育部颁发的相关专业的教学指导方案。此外，对于属于"订单培养"性质的专业，应该按照保证学生德智体全面发展的原则，完善课程体系，确保培养出符合社会需求并具备综合素质的学生。

(二) 师资队伍建设

在师资队伍建设中，评价要素包括师资结构、"双师型"教师队伍建设、教师业务培训和教学研究成果。其中，"双师型"教师队伍建设是重点。首先，可以通过全面落实专业课教师每两年到企业或生产服务一线实践两个月的培训制度，提高职业学校专业课教师的"双师素质"。其次，可以通过聘请生产和服务一线的技术人员、技师等担任兼职教师，形成具有"双师结构"的教师队伍。

(三) 实训基地建设

中等职业学校实训基地的建设涵盖了校内和校外两个层面。校内实训基地的评价要素主要包括实训设备、工位数、实训环境和管理与运营。校外实训基地的评价要素主要集中在校企合作的落实程度。中等职业学校实训基地的评价要素包括校内和校外两个层面。校内实训基地的评价主要涉及实训设备、工位数、实训环境和管理与运营；而校外实训基地的评价则主要关注校企合作的落实程度。这些要素的有效评价和落实将有助于提高学生的实践能力和职业素养。

（四）课程与教材建设

课程建设的评价要素主要包括课程设置和教学大纲，而教材建设的评价要素则主要关注教材的选用。在课程建设方面，职业学校应按照《教育部关于制定中等职业学校教学计划的原则意见》，结合学校的实际情况，制定实施性教学计划。课程设置应与培养目标要求一致，确保课程目标能够满足学生的学习需求和就业要求。各专业的主干课程和实训项目应有相应的教学大纲，并严格按照近年来国家和省颁发的教学大纲要求组织教学。这样可以保证教学内容的科学性、规范性和系统性。教材建设的评价要素重点在于教材的选用。职业学校应严格选择国家或省级规划教材，杜绝使用盗版和复印教材的现象。选用规划教材可以确保教材的内容与课程目标和教学大纲相匹配，同时也有利于保证教材的权威性和可靠性。规划教材通常经过严格的编写和审定程序，具有较高的质量和教学价值，能够为学生提供良好的学习资源和指导。

（五）人才培养模式

人才培养模式主要涉及两个核心问题：培养目标和培养方式。培养目标指明了要培养何种规格和层次的人才，而培养方式则关注如何有效地培养符合目标要求的合格人才。这两个问题构成了人才培养模式的基本内涵，也是人才培养目标的本质属性。在评价人才培养模式时，一个重要的要素是"工学结合、校企合作、顶岗实习"人才培养模式的实施情况。这种人才培养模式强调将理论学习与实践应用相结合，通过与企业的合作与交流，为学生提供实际工作经验和技能培训。它能够帮助学生更好地适应职业环境，提升他们的实际操作能力和就业竞争力。

（六）教学管理水平

在教学管理的评价要素中，确实包括了教学组织与管理、学生组织与管理、教学资源信息化建设和技能大赛制度。其中，教学资源信息化建设和技能大赛制度被认为是重点因素。评价教学组织与管理的有效性和质量。这涉及教学计划的制定和执行、教师的教学组织能力、教学活动的组织与协调、教学质量的监控与评估等方面。有效的教学组织与管理可以确保教学活动的顺利进行，提高教学效果和学生满意度。

（七）校园文化

在评价中等职业学校校园文化时，确实包括精神、物质和行为三个层面的文化建设。其中，校园环境体现现代企业精神的企业文化氛围，是能够最能体现职业教育特色的方面之一。校园环境是学校文化的物质表现，它包括学校的建筑、设施、布局等方面。为了体现职业教育的特色，中等职业学校的校园环境应该与学校的专业实际相契合，营造出一种体现现代企业精神的氛围。

第二节　中等职业教育人才培养模式的构建

职业教育的发展确实对社会应用型人才和专业型人才的培养具有直接的作用。随着教育事业的改革，职业教育也面临着新的机遇和挑战。正确迎接机遇、了解教育发展形式、开发正确的管理与教学手段，对于促进职业教育的快速发展至关重要。通过政策支持、与产业界的紧密联系、教育信息化建设、师资队伍建设和质量评估与监控等方面的努力，可以推动职业教育朝着更加适应社会需求、提高人才培养质量的方向发展。

一、新形势下中职教学质量评价体系

中等职业教育教学质量评估体系的设计应该遵循多维度评估、定量与定性相结合、参与式评估、持续改进和管理与教学结合等原则，以实现以评促建、以评促改、以评促管的目标，推动中等职业学校教育教学质量的提升和健康发展。

（一）多维度评估

评估体系应该涵盖多个方面，包括教学过程、学生学习成果、师资队伍、教学资源、学校管理等。通过综合考量不同方面的指标，能够更全面地了解教学质量的现状和问题，从而有针对性地进行改进。

（二）定量与定性相结合

评估体系应该结合定量和定性的评价方法。定量评估可以通过数据统计和指标量化来进行，能够提供客观的数据支持和比较分析；定性评估则注重对教学实践的深入观察和描述，能够捕捉到更丰富的教学细节和特征。

（三）参与式评估

评估体系应该鼓励教师、学生、家长等教育主体的积极参与和反馈。他们可以提供宝贵的意见和建议，帮助发现问题和改进措施。参与式评估能够增加评估的公正性和可信度，也能够促进学校与社会各方的合作与共同发展。

（四）持续改进

评估体系应该强调持续改进的理念，将评估结果作为改进的基础和指导。评估应该是一个循环的过程，不仅仅是对教育教学质量的一次性评价，也应该包括对改进措施的跟踪和评估，以不断提高教学质量和学校发展水平。

（五）管理与教学结合

评估体系应该将管理和教学紧密结合起来，既关注学校管理层面的问题，也关注教学实践中的具体情况。通过评估结果，能够为学校提供管理决策和教学改进的依据，促进学校整体健康发展。

二、中等职业教育人才培养模式的构建

（一）构建的基本原则

中等职业教育人才培养模式的构建既是个理论问题，又是个实践问题，必须遵循生产性和教育性相结合、适应性和发展性相结合、专业性和综合性相结合、稳定性和灵活性相结合的原则。

1. 教育性和生产性相结合的原则

中等职业教育必须及时关注企业实际生产的发展，软件的更新，以及用人单位的需要，及时更新教学内容，不断开发与时俱进的课程与教材，借助现代教育技术，强化学生实训实践，实现教育与就业的零距离。

2. 适应性和发展性相结合的原则

中等职业教育必须根据经济社会发展变化不断调整人才培养模式。尤其在今天知识及技术发展非常迅速的时代，人们所拥有的知识及技术很快就会陈旧、过时。中等职业教育人才培养模式必须能为其人才适应新形势、换岗、转岗提供知识、技术及能力提供支持。

3. 专业性和综合性相结合的原则

中等职业教育既要培养技能过硬的一专多能人才，又要注意培养其综合素质，包括其职业道德。随着知识经济的发展，劳动力结构随之发生了明显变化，技能型和具有综合素质的复合性人才备受欢迎。岗位变迁和人才的流动性增强使得个人本身必须具备专业技能及综合素养，这样才能更好地适应社会需求。因此，中等职业教育应从经济发展的实际出发，不断进行教学改革，调整课程设置，使学生在以专业为核心的同时兼学相近专业的知识与技能，培养其一专多能的本领及综合素质。

4. 稳定性和灵活性相结合的原则

中等职业教育人才培养模式应具有一定的稳定性，应从适应当前及未来经济发展角度出发，处理好短期发展与长期发展之间的关系，既满足当前市场对中职人才的需要，又满足未来社会发展的需要。教学内容、方法视学生的差异而不同。

（二）中等职业教育人才培养模式的构建

1. 树立一个育人新理念

中等职业教育应树立正确的育人新理念，提高职业教育培养高素质劳动者和技能型人才的能力。应在"教育以人为本，以学生为主体"上统一思想，在进一步解决"培养什么人、怎么培养人"两个根本问题上下功夫。通过树立正确的育人新理念，加强职业道德教育、实践教学、产教融合，个性化培养学生，培养终身学习意识，强化教师专业发展，更好地提高培养高素质劳动者和技能型人才的能力，实现学生个人发展和社会需求的有机结合。

2. 科学定位一个培养目标

中等职业教育的培养目标定位为培养与我国社会主义现代化建设要求相适应的高素质劳动者和技能型人才，具备德、智、体、美、劳全面发展的综合职业能力，并能在生产和服务一线工作。培养目标是职业教育人才培养模式的核心。通过设置适当的课程设置、实践教学环节、教学方法和评估机制，注重学生的综合素质培养和实践能力培养，以达到培养高素质劳动者和技能型人才的目标。同时，还需要与社会和产业界密切合作，不断调整和改进教育教学内容，以适应时代的发展和需求的变化。

3. 构建模块化课程、教材体系

从中职人才培养目标上看，职业教育不同于普通教育，升学不是职业教育的最终目的，职业教育是就业教育。为达到培养目标的需求，满足社会对职业教育人才规格的需求，必须转变教育观念，树立以就业为导向的办学指导思想，深化职业教育教学改革，加强课程和教材建设。一是构建模块化课程体系。根据培养目标的要求，职业教育应打破传统学科系统化的课程体系，以技能为核心整合，构建模块化课程。中等职业教育模块化课程整体结构大体上可划分为公共基础课程模块、基础平台课程模块、专门化方向课程模块和选修课程模块。公共基础课程模块是对学生进行文化教育、职业道德教育、心理健康教育、身体素质教育的课程。一个大专业可设多个专门化方向，形成多个方向模块课程。二是职业学校教材要打破传统的学科体系结构，强调以问题为中心，以职业岗位需求组织编写模块化教材，要充分体现新知识、新技术、新工艺、新方法的应用。

4. 探索新型的教学方法

传统的以教室为中心、以讲授为中心的职业教育教学方法，既不能适应社会发展对人才规格的需求，也满足不了中职生就业的要求，因此，应加大教学方法的研究，坚持"做中学、做中教"，突出职业教育特色。在教学过程中，要打破传统的满堂灌的教学方法，体现启发式教学原则，充分发挥学生的主观能动性，因材施教，注重培养学生的思维方法和创新能力。要高度重视实践性教学，注重学生的实践能力和职业技能培养。

5. 构建开放式人才培养途径

传统的中等职业学校培养人才主要采用的是封闭式的培养途径，随着职业教育的发展，不少职业学校打破传统的培养途径，实行校企合作。实行校企合作是构建开放式人才培养途径的一种关键方法。通过与企业建立紧密的合作关系，职业学校可以更好地了解行业的需求和趋势，提供与实际工作紧密结合的培养方案，培养适应市场需求的高素质劳动者和技能型人才。

6. 构建多元化评价体系

教学评价是中等职业学校教学环节的重要组成部分，是检验教学质量和教学效果的重要手段，是保障培养目标实现的关键环节之一。中等职业教育人才培养模式要建立与中等职业学校相适应的科学考核机制，应打破传统的单一评价模式，构建多元化评价体系。

第三节　中国职业教育课程发展现状与改革

过去，中国职业教育的课程设置过于注重理论知识，忽视了实践技能的培养，这导致学生在毕业后面临实际工作时可能存在实际操作能力不足的问题。同时，随着中国经济的快速发展，职业教育的课程设置与行业需求的对接不足。随着科技进步和产业变革的加速，行业对人才的需求也在不断变化。因此，职业教育课程应更加贴近行业需求，及时调整和更新课程内容，确保学生毕业后具备符合就业市场的技能和知识。

一、中国职业教育课程发展现状

通过比较分析世界职业教育课程的典型模式，并结合中国职业教育课程发展的模式和特点，确实可以得出一些初步的研判。一是中国职业教育课程发展已经与世界同步，应当站在全球视野构建"中国模式"。然而，要构建具有全球影响力的"中国模式"，还需要进一步深化改革，提高课程的适应性和质量，与国际先进标准接轨，并结合中国自身的特点和需求进行创新。二是传统课程模式难以满足数字化经济的人才需求，改革已是历史选择和当务之急。数字化经济对人才的要求更加注重综合能力、创新能力和跨学科的知识结构。因此，职业教育需要与数字经济发展同步，更新课程内容，引入新兴技术和领域的教学内容，培养适应数字化经济的人才。改革职业教育课程已经成为当务之急。

然而，需要注意的是，传统的标准化训练在某些职业领域仍然具有重要作用，尤其是对于一些重复性、标准化程度高的工作。在职业教育课程的改革过程中，需要综合考虑传统技能和新兴技能的培养，平衡不同领域和行业的需求，以提供多样化的教育选择和培养路径。

因此，职业教育课程的发展应该是一个动态的、持续改进的过程，应不断适应经济发展和社会需求的变化，同时也要考虑到全球化背景下的趋势和发展方向。随着科技的发展和人工智能的应用，某些重复性和标准化程度高的工作确实有可能被机器所替代。在这种情况下，传统的岗位技能分析与训练可能无法满足人才市场的需求。因此，职业教育需要转变思路，从单纯的岗位技能培养转向更加综合和终身的能力培养。

当前，中国职业教育课程的发展中存在着不同的观点和认识。这种模糊认识主要源于不同的教育背景、观念和需求，以及对不同教育理论的理解和运用。一方面，一些人认为职业教育应该强调实践行动、工作任务、真实项目和岗位能力等概念，将其视为革命性的发展方向。这种观点可能得益于对于职业教育的实用性需求和经济社会形势的发展。然而，这种观点的问题在于，如果过于强调行为主义，可能会忽视学生的综合素养和创新能力的培养。另一方面，也有人认为目前中国的职业教育课程模式已经从行为主义转向建构主义，强调学生中心、小组学习和情境设计等方法。这种观点认为，培养学生的综合能力和创新能力是职业教育的重要目标，而不仅仅是传授基本的就业技能。然而，这种观点的问题在于，一些地方和机构可能仍然坚持传统的行为主义方法，重视技能训练而忽视其他方面的发展。

职业教育的改革需要针对课程模式进行深入思考和调整。当前课程模式是否代表了"先进"，以及是否需要改革，确实存在认知上的模糊地带。在职业教育课程实践中，不同地方采用了不同的组合方式。然而，这些模式的推广和学术总结可能还处于初级阶段，尚未形成共识。

在职业教育课程改革与发展中，确实取得了一些成绩，如从单一的岗位技能训练发展到职业综合能力培养，从标准化教学发展到项目化探究等。大多数教师已经了解如何运用建构主义理论改革课程。然而，实际中仍存在一些问题，如缺乏创造性和想象力、企业参与度不够、教师控制欲过强、学生反应不积极等。此外，一些精品课程设计案例中可能过于强调工作过程分解和岗位技能训练，而忽视了中职教育和高职教育的区别以及职业教育和技术培训的特点。

针对这些问题，职业教育需要进一步推动创新和改革。课堂教学需要注重培养学生的创造力和想象力，增加企业参与度，平衡教师与学生的关系，激发学生的积极性。此外，职业教育要注重确定中职教育和高职教育以及职业教育和技术培训的区别，从而更好地满足不同层次和需求的学生。

二、中国职业教育课程改革

中国文化讲"博学之、审问之、慎思之、明辨之、笃行之"，意思是，"学问"明于"思辨"，"明辨"成于"笃行"。今天，在探究和建构新经济条件下中国职业教育的课程新模式时，我们要借鉴和吸收国际先进的职业教育理念和经验，将国际化元素融入中国职业教育课程。通过与国际机构、企业和教育机构的合作，提高课程的国际化程度，培养具备全球竞争力的人才。

历史地看，职业教育发展具有阶段性。如果说基于传统经济模式的职业教育是"就业导向型"，那么当下正在发生的新经济形态下的职业教育就应当是"乐业导向型"的，就业和乐业代表了两个不同阶段。

由此，黄炎培先生指出职业教育应当"使无业者有业，使有业者乐业"，就有了"阶段论"的意义。在职业教育的"乐业导向"阶段，"职业幸福感"才是职业教育的终极关怀，正如习近平总书记所强调的，职业教育"让每个人都有人生出彩的机会"。因而，新时代中国职业教育课程改革与发展方向，应当是基于实现共同富裕战略目标的"人人出彩"的职业教育。

"人人出彩"的职业教育和"乐业导向型"的职业教育是一回事，"出彩"指向职业的多元开放和美好形态，"乐业"表示职业价值和幸福感体验。毫无疑问，新时代职业教育必须更加重视价值理性和劳动尊严。就此而言，应当"站在权力最小的人的角度"来观察就业市场和分析课程内容，职业教育课程必须开放而多样，要能够激发个人天赋才能、激活个人职业志趣和追求美好职业生活。

首先，职业教育课程改革的根本理念是将职业教育视为一种与生活息息相关的现象。每个人都有追求美好生活、进步、意义和价值的愿望，这种追求是自发的、积极主动的，而非被动的强制。选择将职业教育视为一种生命现象，意味着我们选择了一种充满活力的生活方式，并且承担起解放、权利和救助的使命。同时，我们要认识到职业教育是一个历史和地域相关的概念，需要不断寻求新的需求并做出相应的改变。职业教育是民主和公平的概念，我们需要培养出成为"平民英雄"的人才，为他们带来丰富多彩的人生。此外，职业教育也是生活和文化的概念，应当强调灵性的启迪和文化的包容。

其次，职业教育课程改革的核心内容是通过校企合作共建一个让每个人都能展现才华的"职业生态"。为什么要强调"校企共建"？因为这个"职业生态"的形成不仅依赖于企业的创造，也依赖于学校的教育。校企合作可以促进教育与实际工作的紧密结合，使学生能够获得真实的职业经验和技能，提高他们的就业竞争力。为什么要追求"人人出彩"？这是新时代对美好生活的必然要求。我们正处在开放、共享和融通的时代背景下，职业教育应成为一种秉持良知的生活方式。在这种生活方式中，职业教育与普通教育、专业课程与通识课程、技术技能与文化艺术之间并不是分离的，而是相互融通的。我们不应该纠结于它们的分隔，而是应该将它们整合起来，以综合的视角来培养学生。

最后，职业教育课程改革的基本途径是建立职业教育的"课程MALL"，这个比喻借用了大型购物中心的特点，包括环境整洁、种类齐全、身心放松、开放性、全纳性和自主性。这一比喻强调职业教育需要扎根于广大人群，创造和分享无处不在，每个人都是学生、参与者和评判者，没有人会被压制或嘲笑。在职业教育的专业课程开发中，最需要采用社会性方法，倡导内容的"共创"和"生长"，积极创造具有职场体验感的教学场景。这种沉浸式学习空间具有跨界性和跨专业性的特点，能够支持学生开展各种探究式的深度研究项目。

根据联合国教科文组织最新报告《反思教育》的观点，教育的经济功能虽然重要，但我们不能仅仅以功利主义观点和人力资本观念来看待教育。教育不仅仅是技能的获取，它还涉及尊重生命和人格尊严的价值观，这是实现社会和谐在多元化世界中的必要条件。在这种背景下，职业教育课程改革应该具备更高的地位和使命，它应该起到启发思想、提升素质和引领美好的作用。

| 第四章 |
中职汽修专业培养目标与教学模式分析

对于中职院校来说，重视教学过程是提高学生综合能力的关键，同时也是确保我国汽车行业持续发展的有效途径。特别是在中职汽修专业中，专业教师需要意识到培养模式的重要性，以根本性的方式提高学生对该专业的兴趣。目前，我国中职教育改革尚未完全成熟，人才培养模式存在一系列问题。在课堂学习方面，学习质量无法大幅度提升，这限制了人才培养工作实现预期教学目标的能力。此外，学生的实践能力明显不足，这也对他们未来的发展构成了限制。因此，中职院校需要重视教学过程，注重理论与实践的结合。通过丰富的实践教学和实际操作，提高学生的实践能力和技能水平。同时，培养模式也至关重要，中职教师应该积极探索创新的教学方法，激发学生的兴趣，并引导他们深入了解，投入汽修专业。

第一节　中职汽修学生学习情况分析

中职汽修学生厌学现象与宏观层面的就业压力过大、教师期望值过高等因素确实存在一定的关联，但厌学现象的产生原因是多方面的，既有外在因素也有内在因素，而且不同学生的厌学缘由也可能不同。解决中职学生厌学问题需要中职教师承担起自身的职责。教师可以加大对这方面问题的研究，了解学生的实际表现，深入了解学生的背景、需求和困境，以便更好地理解学生的厌学原因，并采取相应的教育措施。

一、中职汽修学生厌学现象

厌学是一种学生对学习感到厌倦和不满的心理现象，它在学生群体中比较常见，也给教师带来了一定的困扰。这种现象会对教学质量和效果产生影响，同时逐渐削弱学生的学习热情、激情和兴趣。它属于负面和消极的学习情绪和态度，需要引起我们的警觉。解决厌学问题是非常重要的，因为只有解决了这类问题，才能顺利消除许多教学障碍和干扰。这样做不仅能提升课堂教学质量和学生学习成效，也有助于实现培养人才的目标。

（一）学习动机与自我效能感关系的探讨

学生自卑，缺乏自信心。学习信心是学生教育发展中的关键因素，它与个体学习动机的强弱紧密相关。自我效能感，即个人对自己完成某一特定任务的能力的信心，对激发和维持学习动机起到决定性作用。学习信心不足往往与低下的自我效能感相伴随，导致学生在学习中缺乏积极性，不愿投入所需的努力，甚至面对挑战时轻易放弃。因此，理解学习动机与自我效能感之间的关系至关重要。根据一份调查显示，60% 的高职学生会在学习中有自卑感，是由多种原因导致的，可能是家庭原因、性格原因，还可能是对教育类型有误解的原因，诸如此类的问题，都可使得这部分学生丧失奋斗目标，且对未来充满迷茫，逐渐在负面情绪中徘徊，过着浑浑噩噩的日子，丧失斗志。

自我效能感对于形成学习目标至关重要，它影响着学生对学习成果的预期，进而影响学习动机。高自我效能感的学生倾向于设定更高的学习目标，并对实现这些目标抱有坚定信心。他们视学习为挑战，乐于探索未知，坚信通过自己的不懈努力可以克服困难。这种积极的信念为他们的学习提供了强大的动力源泉。反之，学习信心不足会导致学生在遇到学习困境时轻易动摇。若学生不相信自己能够学好某一科目或掌握一项技能，他们就可能不愿投入足够的时间和精力去克服学习中的障碍。自我效能感不足的学生往往会避免具有挑战性的任务，他们更倾向于选择较容易完成的任务，以避免失败的可能性。这种避难趋易的行为模式会进一步削弱他们的学习信心，形成一个消极的循环。

（二）知识技能掌握对信心的影响

学习信心的确立与个体对已掌握知识技能的自我评价密切相关。在教育的实践过程中尤其如此，学生对自身知识与技能掌握水平的认知，直接影响他们面对学习挑战时的信心水平。在中等职业教育，尤其是汽修专业这类技术密集型的学科中，此关系愈加显著。掌握一定的知识技能是学习信心的重要基石。具体来说，学生如果掌握了必要的理论知识，并通过实践学会了相关技能，他们更可能对自己在学习新内容或解决问题时的能力感到自信。当学生认识到自己能够运用所学进行实际操作或问题解决时，这种认知会增强他们的自我效能感，并促使他们在遇到障碍时仍然坚持不懈。相反，如果学生认为自己在某个领域的知识储备不足或技能不够熟练，这可能导致他们对相关任务的学习产生抵触情绪，避免参与可能导致失败的活动，从而使学习信心受损。这种状况在现实教学场景中并不鲜见，特别是对于那些认为理论学习抽象、实践技能操作难度高的学生而言。

二、中职汽修学生对专业不感兴趣

学生对专业不满意或不感兴趣是导致中职学生厌学现象的常见原因之一。这种情况下，学生选择的专业可能不符合他们的兴趣和期望，导致在学习过程中出现厌学情绪是可以理解的。

（一）专业兴趣形成的理论探究

中等职业教育中的专业兴趣不浓，尤其在汽修专业等技术型专业中，常常被视作学生学业成就和专业发展的潜在障碍。专业兴趣的形成涉及多种心理理论，其中包括但不限于自我决定理论、期望—价值理论以及社会认知理论，这些理论均提供了专业兴趣形成与发展的深入解释。

自我决定理论强调内在动机在个体行为选择中的核心作用，将专业兴趣看作是内在动机与自我认同的自然延伸。内在动机（出于对活动本身的喜爱而进行的学习）是形成持久专业兴趣的关键因素。当学生通过探索、实践及反思过程感到满足和成就时，他们更容易培养对特定专业领域的兴趣和好奇心。

期望—价值理论则侧重于学生对于学习成效的预期（期望）以及学习活动

的主观价值感知（价值）。专业兴趣的形成在很大程度上被学生对成功机会的预期和完成学习活动的个人意义所驱动。学生如果相信自己能在某专业领域成功，且认为相关学习活动对于自己未来的职业发展具有重要价值，他们的专业兴趣相应会更强烈。

社会认知理论提供了专业兴趣形成的环境与认知因素，指出个体对自身能力的观念和社会环境对兴趣发展均有显著影响。学生通过观察、模仿及社交互动在特定社会文化背景中形成对技能和活动的认知，这影响他们是否培养对某个专业领域的兴趣。如果教育环境提供积极的榜样、典型的成功经验和对个体努力的认可，学生的专业兴趣将更有可能得到加强。

针对汽修专业学生专业兴趣的培养，教学设计应遵循上述理论指导，创造条件激发学生的内在动机，提高其对成功的期待感，同时营造支持性的社会环境。举例而言，通过项目式学习让学生参与真实的汽车维修项目，感受实际工作带来的满足感；设定明确的学习目标和反馈机制增强他们对成功的预期；提供行业先锋或优秀同辈的互动机会以强化其社会认同感。

（二）教育环境对学生专业兴趣的作用

在中职汽修专业教育中，学生的专业兴趣深受教育环境的影响。教育环境涵盖了教室氛围、教学资源、师生互动、实训设施等多个方面，每一方面都在塑造学生对汽修专业兴趣中扮演了重要角色。

首先，课堂环境的氛围和文化对激发学生的专业兴趣至关重要。一个开放、互相尊重并鼓励探索的教室氛围可以激发学生的好奇心，促使他们更加积极地参与汽修领域的学习。相反，如果教室环境刻板、压抑或贬低学生的能力，学生就可能对专业学习失去兴趣。

其次，多样化和先进的教学资源能够提供丰富的学习素材，激发学生对汽车技术的探索欲望。包括课本、教具、实训设备在内的资源，如果能够与汽车行业的最新发展同步更新，使学生感觉到所学内容与真实世界紧密相关，那么他们对专业的兴趣将会显著增强。

师生互动的质量也是影响学生专业兴趣的关键因素。老师的热情和专业性，一方面可以通过示范和指导帮助学生解决技术难题，另一方面可以通过分享行业经验和发展趋势来启发学生的思考。一个具备行业经验且乐于助人的老师，能够成为学生职业兴趣发展的强大推动力。

此外，备有完善设备的实训基地为学生提供了实践操作的空间，促进了理论与实践的结合。学生在实训中不仅能够将理论知识转化为动手能力，更能通过实操体验理解到汽修专业的实际应用和工作场景，这种经验的积累对专业兴趣的形成和发展具有积极作用。

最后，教育环境中的评价体系和激励机制也会直接影响学生的兴趣。一个公平、公正、能够正确评价学生技术水平和努力的体系，能够激励学生追求卓越，持续发展兴趣。反之，如果评价体系只重视理论成绩，忽略技能和创新，可能会抑制学生探索新技术和新方法的热情。

三、职汽修学生就业期望值过高

中职学生不正视自身状况、就业期望值过高是导致厌学情绪的一个重要原因。对于一些中职学生来说，他们在家庭中受到特别的关注和呵护，没有经历过太多的困难和挑战，这导致他们对自身能力和现实生活的认知存在一定的偏差。

（一）职业规划理论与中职教育的相关性

职业规划作为个体职业发展路径的设计和管理过程，对中职教育中学生的学业选择和未来职业发展具有深远的影响。在执行职业规划时，理论的运用可以为学生提供指导，帮助他们更好地了解自己的兴趣、能力与市场需求，并据此制定和调整他们的学习和专业发展目标。

一种相关的理论框架是职业生涯发展理论，如霍兰德的人格与职业模型，提出个人倾向于选择与自己人格类型匹配的职业环境。将此理论运用于中职教育中，教育者可以通过评估学生的人格特征、兴趣和能力，引导他们探索与自己特质相吻合的汽修专业领域。这样的匹配不仅可以提升学生在学习过程中的满意度，还可以提高他们毕业后在职业领域的适应性和成功率。

此外，基于现状的职业决策理论也具有指导价值，它认为职业选择不仅仅是个体基于自我了解作出的理性决策，还要考虑到外部环境条件和机遇的可利用性。在职业教育的实践中，学校可以为学生提供关于汽修行业发展趋势、就业前景乃至进一步教育的详实信息，帮助学生将个人职业规划与市场需求相结合，形成具有前瞻性和针对性的职业目标。

针对职业规划模糊不清的问题，中职教育机构应当充分借鉴上述职业规划理论，并结合汽修专业的特点，设计出有针对性的课程和指导项目。通过职业规划教育课程、工作坊、实习机会和职业咨询服务，可以帮助学生建立清晰的职业规划，促进他们在汽修专业领域中做出更加明智和符合个人职业发展的决策。教育者和学校管理者必须认识到，在学生专业教育的早期就培养他们进行系统的职业规划，对于他们未来的职业成功至关重要。

（二）中职教育环境对职业规划清晰度的作用

中职教育环境在学生职业规划的清晰度形成过程中起着至关重要的作用，它不仅涉及教育内容的设计和呈现，还包含了学校文化、师资力量、校外合作等多个方面，这些因素共同塑造学生对于未来职业生涯的认识和规划。

中职教育环境首先通过提供行业相关的课程和工作坊来帮助学生获取所需的知识和技能，增进他们对汽修行业的了解。教育者有责任确保课程内容贴近行业实际，与职业标准对接，从而帮助学生搭建起理论和实操之间的桥梁。明确职业路径所需的能力和知识，有助于学生建立清晰的职业发展目标。

学校文化和氛围也对学生的职业规划有显著的影响。一个积极的学校文化鼓励学生进行职业探索和自我发现，提供了榜样的力量和同伴支持，使学生能够在探索自身职业兴趣和目标时获得启示和动力。此外，师资力量，特别是来自行业的教师，他们对专业知识的深入理解和实践经验能够直接指导学生进行更为具体和实际的职业规划。

校外合作也是影响职业规划的一个关键环境因素。学校与企业、行业协会的合作关系可以提供实习机会，这些经历使学生有机会近距离观察行业现状，与在职专业人士交流，获得宝贵的职业建议，从而使自己的职业规划更加与行业需求和趋势相吻合。

最后，中职教育应通过职业指导服务和咨询资源来进一步帮助学生澄清职业目标和规划。职业咨询师可以帮助学生识别个人兴趣、能力和价值观，将这些因素与职业机会相对接，引导学生制定出切实可行的职业规划。

四、中职汽修学生缺乏良好的学习习惯

学生缺乏良好的学习习惯和学习方法是导致厌学情绪的另一个重要原因。依赖死记硬背的学习方式限制了学生的理解和创造力，使他们感到学习枯燥乏味。此外，错误的学习习惯和方法也可能导致学习效率低下，进一步降低学生的学习动力和自信心。

（一）动手能力与认知发展的关联性分析

在中职汽修专业的学习过程中，表现出强烈表现欲和对动手实践的偏好是学生常见的特征，而这样的倾向可能导致他们在理论学习上的投入不足。动手能力通常是指个体操作物体、使用工具及机械设备进行创造性或修复性工作的能力，它涉及一系列的感官运动技能。在汽修专业的教育环境中，强调动手能力的培养无疑十分关键，学生通过实操不仅能够提升自己的技术水平，更能增强对专业知识的理解和内化。

然而，单一强调技能训练而忽视理论学习，则可能忽略了认知发展在职业教育中的重要性。认知发展是指个体知识和概念理解方面的增长和复杂化，包括了记忆、注意力、思维、理解、判断等心理过程。认知发展为动手技能提供了必要的背景知识和理论支持，使学生能够在实践中做出合理的判断和决策。

在动手能力与认知发展之间存在着密切的互动关系。一方面，动手实践提供了认知知识应用于现实问题的机会，使得理论知识得以应用和巩固。实践过程中遇到的问题和挑战能够促使学生反思并加深对理论的理解。另一方面，充分的认知发展帮助学生在实践中更加高效地学习和创新。一个良好的认知基础使学生能够更快的学会新技术，更好地适应行业的变化。

针对中职汽修学生，教育者应当设计富有挑战性的实践活动，并植入必要的理论知识教学，使学生在动手操作时同时激活其认知处理能力。例如，在进行机

械结构拆解重组的实操课程时，引导学生去思考各个零件的作用原理和相互关系，促使他们在动手实践中运用和提升认知能力。

（二）实践倾向对知识理解深度的影响

中职汽修专业中表现欲强、偏好动手实践的学生倾向，可能会对他们对知识的理解深度产生一定影响。实践倾向意味着学生更愿意通过动手操作来学习，他们在完成具体任务和解决实际问题时感到更为满足。然而，对实践的偏好可能会导致相对忽视理论知识的学习，进而影响到知识理解的全面性和深度。

实践倾向的学生在学习过程中开展动手操作时，能够直观感受到学习成果，体验到直接的成功反馈，这对他们的学习动机和自信心有立即的正面效果。此类经验确实能够促进知识的应用，帮助学生理解特定操作或工艺的基本步骤。但是，若过分强调动手操作，而不注重对操作背后理论的探究和理解，学生对知识的深入理解则可能受阻。

动手实践如果脱离了对应理论的学习和思考，学生的知识结构可能会显得片段化，他们可能掌握了如何完成任务，却无法理解为何要这样做。长远来看，这样的学习方式可能会限制他们解决新问题的能力，因为他们缺乏将已学知识迁移和扩展到新情境的能力。

为了促进实践倾向学生的知识理解深度，教育者需设计结构化的教学活动，将实践操作与理论学习相结合。例如，在学生进行某项特定汽车维修操作之前，引导他们先学习相关的机械原理，让他们理解操作的科学依据。完成操作后，再组织讨论，反思实践中的观察和发现如何与理论知识相吻合，以及如何应对出现的新问题。

实践倾向对知识理解深度的影响可以通过教育者在教学过程中的细致引导得以缓解。通过确保理论与实践并重的教学方法，可以激发学生的认知活动，提升他们在信息处理、问题解决和创新思维方面的能力。这种平衡能够有效提高学生的知识理解深度，确保学生能够在动手实践中同时发展批判性思维能力和操作能力，为他们未来成为理论与实践兼备的汽修专业人才奠定基础。

第二节　中职汽修实训教学过程的问题分析

2019年印发《国务院关于印发国家职业教育改革实施方案的通知》（简称《职教二十条》）中明确要求："职业院校实践性教学课时原则上占总课时一半以上，顶岗实习时间一般为6个月。"实践性教学在培养学生的职业能力和实践能力方面起着不可替代的作用。对于汽车检测与维修专业来说，校内独立实训是其中一个重要的实践环节，通过在模拟企业实训基地进行专项训练，学生可以在真实的工作环境中进行实际操作和技能训练，提高他们的职业能力。通过校内独立实训，学生能够在较长的时间段内进行高强度的专项技能训练，这有助于他们深入理解和掌握所学的知识和技能。同时，实训过程中的模拟企业环境可以让学生更好地适应实际工作要求和流程，增强他们的实践能力和团队合作能力。此外，通过自主完成实训任务，学生不仅能够将理论知识应用到实践中，还能够通过实践的反馈不断调整和改进自己的学习方法和技能，提高学习的效果和质量。

中职汽修实训教学过程中，还存在下列问题：

一、重视知识与能力的传授，忽视情感的沟通

（一）知识与能力目标在教案设计中的主导作用

在中职汽修教育领域，教案设计是课程实施的基础和关键。通常，教案设计的主导要素集中于知识与能力目标，这是因为中职教育的根本目的在于培养学生掌握必要的专业知识和实践技能，以满足行业需求。知识目标指导学生理解汽车构造、修理原理及相关理论，而能力目标则着重于学生在实训中熟练掌握各类汽修技能。

在教案设计中，知识目标通常以课程内容的顺序排列，突出重点和难点，保证学生能逐步构建起完整的知识体系。能力目标则关注于具体技能的培养，比如熟悉工具使用、掌握检测与诊断技术，和修理操作流程。教案设计者往往将这些目标细化成可操作的教学步骤和活动，并通过形成性与总结性评估来检验这些目标的实现情况。

重视知识和能力目标在教案设计中的主导作用，有其合理性。它们对于学生专业能力的培养和未来就业至关重要，同时也易于通过考核和评价来量化学生的学习成果。此外，对于教师而言，明确的知识和能力目标有助于提升授课效率，使教学过程更为有序和条理清晰，有利于学生系统性地掌握专业必备的知识与技能。

然而，这种设计过程中偶尔对情感目标的忽视，可能会导致学生在情感、态度和价值观层面的发展不足。在教案设计时增加对情感目标的考量，将有助于注入教育的完整性，促进学生全面发展，并为学生职业生涯的长远发展培养必要的非认知技能。因此，教案设计应考虑平衡知识、能力与情感三者之间的关系，以实现对学生综合素质养成的全面支持。

（二）情感目标在教材建设中的缺失与隐患

在中职汽修专业的教学中，教案设计通常倾斜于知识和技能目标，这种偏向在很大程度上塑造了一种以实用性和操作性为核心的教学氛围。诚然，这样的教学设计有效地确保了学生在专业技能方面的成长，却往往忽略了情感目标的重要性，即学生对学习内容的情感反应、价值观认同以及态度的培养。情感目标在教材建设中的缺失，带来了不容忽视的隐患。

首先，忽视情感目标可能会导致教学内容与学生的个人兴趣和情感需求脱节。当教材内容缺乏激发学生情感共鸣和内在动机的元素时，学生可能会感到学习是一种单调乏味的义务，而不是一种愉悦的过程，这会影响他们参与课程的主动性和积极性。此外，情感连接被认为是增强记忆和理解的关键，忽略了这一点的教学设计，可能会削弱学生学习效果的持久性。

其次，教材中缺乏情感教育成分，对学生品德和职业道德的塑造也会产生负面影响。中职汽修专业不仅要求学生掌握专业技能，也需要具备良好的职业行为和伦理标准。如果教案和教材只强调技术和操作，而忽视了引导学生理解和内化行业的职业道德和责任感，就可能培养出在情感和价值观层面不够成熟的技术工人。

最后，情感目标的缺失可能会影响学生对职业身份的认同和未来职业生涯的规划。当教材建设没有引入学生对所学专业的热爱、自豪感和归属感等情感因素时，学生可能对未来的职业生涯持有漠然或不确定的态度。这样的情绪不利于学生形成积极的职业规划，也不利于他们未来在职业道路上的长期发展和满意度。

二、重视技能的训练，忽视价值观的引领

（一）知识传授与技能训练的传统教学取向

在中职汽修专业的教学实施过程中，传统的教学取向主要集中于知识的传授与技能的训练，这一做法源于对这些专业素养对于学生未来就业及专业发展的重要性的认识。此种教学取向是建立在实用主义基础上的，将教育视作一种以就业为导向的技能传递过程。

在知识传授方面，教学活动多聚焦于将理论知识以直接讲授的方式系统地传递给学生，从汽车的基本构造、原理解析到故障诊断等，涉及每一个与汽修专业相关的理论层面。这类知识的传授往往以课堂讲授、书本阅读、演示视频等形式进行，目的是保证学生能够在理论上达到一个扎实的基础。

技能训练则主要体现在学生通过在实训室、车间进行的诸多实操练习中逐渐掌握专业技能。这些技能训练包括工具使用、机械设备操作、排除故障、维修汽车部件等，通过反复的实践训练，让学生的动手能力得以增强，同时使他们对理论知识有更具体、更深层的认识和理解。这种注重实践的教学方法帮助学生将抽象的理论知识应用于具体情境中，增进他们的技能熟练度。

然而，这种传统的教学取向存在一定的局限性，它倾向于将教育简化为职业技能的培训过程，而忽视了教育在情感培育与价值观引领方面的重要功能。这种单一重视技能与知识训练的模式可能会导致缺乏对学生情感发展和价值取向培养的关注，从而影响到学生作为一个完整人格存在的全面发展。

因此，教育的目的不应仅限于知识的传授与技能的训练，更应当重视情感的培育与价值观的引领，以培养学生成为全面发展的人，不仅在技术上胜任工作，同时在社会、伦理和情感层面表现出成熟。这需要教育者在教学设计与实施中赋予情感教育和价值观引导以更大的重要性，通过整合多维度教学内容和方法，实

现对学生全人教育的责任。

（二）情感培育与价值观引领的边缘化现象

在中职汽修领域的教学实施过程中，情感培育与价值观引领往往未被赋予充分的重视，导致这些教育目标在教学活动中呈现出一种边缘化的现象。这一现实问题根源于传统教育观念中对技术教育的狭隘理解，即过分强调对知识和技能的教授，而较少关注学生内在情感的发展和价值观念的塑造。

情感培育在教育中的角色不可或缺，它关涉学生情感态度、兴趣倾向和自身价值认同的形成，这些方面对于学生的个人发展和社会适应能力有着深远的影响。正面的情感体验能促进学生的积极参与和学习动力的提升，进而影响学习成效和个人成长。然而，当教学遭遇压缩时间、紧张的完成学分要求或者专业技能考核的束缚时，情感教育便很容易被忽略，学生的情感和心理需求可能不会得到足够的关照和回应。

价值观的引领则是教育的另一项基本职责，它关乎培养学生的社会责任感、职业道德和公民意识。汽修工作不仅要求技术熟练，也要求遵循行业规范和伦理标准。一个专业的汽修工人应能正确认识自己的工作对社会的影响，对客户负责，并恪守诚信原则。但在忽视价值观引领的教学实施过程中，这些元素往往难以得到适当的融入和强调，学生在职业道德和社会责任方面的教育可能会出现短缺。

边缘化的情感与价值观教育带来的隐患不容小觑，它可能导致学生在职业行为方面缺乏对行业及社会期待的正确认知，或在遇到职业生涯中的道德困境时无法做出合理判断。为了纠正这一边缘化现象，教育实践中需要重新审视情感和价值观的重要性，并通过教学内容的改革、教师培训的加强、学校文化的营造等举措，整合情感素质和价值观教育至每一环节和层面，确保学生在成为技术熟练的专业工作者的同时，也成长为具备健全人格和高尚品德的社会成员。

三、重视知识与能力的评价，忽视情感与价值观的评价

（一）知识与能力评价的主流地位

在中职汽修专业的教学评价过程中，知识与能力的评价占据了主流地位，这

是由于它们是职业教育成果的具体化和可量化的体现。评价知识和能力，教师能够清晰地识别学生在理论认知和技术技能上的精进程度，为学生的专业发展提供明确的定位。这种评价方式符合客观标准，可通过考试、实操测试、作业等形式进行，其结果便于量化和比较，有助于标示学生的学习成就，对学生进步和课程效果进行可靠的评估。

知识评价主要关注学生对专业理论的掌握程度，包括基本概念、原理理解以及故障分析等方面。这种评价允许教师监控学生理论知识的积累和深化，及时洞察学生的学习盲点，为后续教学提供针对性的调整建议。

能力评价则侧重于学生在实际操作中的表现，如工具使用技巧、维修操作的熟练度和问题解决的实际应用能力。通过对这些技能的评估，教师可以确定学生是否能将理论知识转化为实际技能，评判学生是否具备毕业后就业的基本资格。

尽管知识与能力评价在教学评价体系中具有决定性作用，但这种偏向也导致了对学生情感态度和价值观评价的忽视。情感态度和价值观是影响学生学习动力、持久性和职业道德的重要非认知域，而在传统的评价体系中往往难以找到它们清晰的评价标准和方法。因此，学生在这些领域的发展可能得不到应有的重视和促进，甚至在教育评价中形同"看不见"的状态。

因此，要实现中职教育的全面发展目标，必须拓展教学评价的视野，超越单一的知识与能力评价，重视并整合情感态度与价值观的评价。这需要教育工作者和相关评价体系设计者共同努力，开发出更为全面和综合的评价工具和方法，以确保学生的全人成长得到平衡的促进和充分的认可。

（二）情感态度与价值观评价的边际化及其影响

在中职汽修专业的教学评价体系中，情感态度与价值观评价往往没有得到与知识与能力评价相等的重视，导致它们在实际教学评价中被边缘化。这种情况反映了一个重要趋势，那就是教学评价过程倾向于将重点放在更容易量化和客观评价的认知领域，而将那些相对抽象、难以量化的非认知领域边缘化。

情感态度和价值观是教学评价中的重要维度，它们涉及学生的个性发展、职业道德和责任感，以及他们对学习过程的情感投入和认同感等。当这些维度被忽视或未能得到适当评价时，教育的目的就变得片面化，无法完全实现学生全方位的成长和发展。

情感态度的评价可以体现在学生对学习任务的热情、对未来职业的积极期待、以及对同伴和教师的尊重等方面。价值观的评价则关注学生对诚信、责任、合作和伦理的认知和表现。边际化的评价体系导致这些方面受到忽视，可能会带来如下影响：一是学生可能缺乏对所学专业的情感认同和热情，这会影响他们的学习动机和投入，从而影响学习效果和未来的职业稳定性。二是当学生的职业道德和社会责任感没得到强化时，他们在进入工作岗位后可能缺乏必要的道德判断力和正直行为，这可能导致职业行为不端甚至违法现象的出现。三是忽视价值观和情感态度的评价可能会影响学生对团队合作和社交互动的看重，这在工作中是尤为关键的，因为良好的人际关系和协作能力是职业成功的重要因素。

因此，情感态度与价值观的评价在教学中应当得到增强和重视。这可能涉及开发新的评价方法，比如自评、同伴评价、教师观察记录、反思日志、以及针对社会行为和职业道德行为的项目式作业等。通过这些评价工具，教师可以更全面地理解学生的情感和价值观发展情况，从而更有效地促进其全人教育。此外，这种评价的改变也将需要教育体系在政策和实践层面做出相应的调整，确保每一位学生的全面发展和身心健康。

第三节　中职汽修教学模式的创新因素分析

随着我国汽车行业的不断发展，在进行汽车维修的过程中已经出现了非常多的新型工艺和新型技术，这就对汽修行业的从业人员提出了更高的要求。为了满足时代发展的要求，中职汽修专业需要及时确定汽修行业目前所需的人才方向，不断将教学模式进行改进，在教学实践中及时发现教学漏洞，针对漏洞进行改进，同时创新教学方法，改进以往的传统教育模式，在教学过程中将学生的主体地位充分发挥出来，提高学生的学习自主性。

一、教育模式的理论重构

随着汽车在我国成为主要的交通工具，并且汽车制造工艺不断进步，中职汽修专业需要不断适应市场变化和需求，进行教学模式的改进，以确保专业人才的培养与时代的发展趋势相匹配。

（一）现代教育理论下的教学模式分析

在现代教育理论指导下，对传统教学模式进行理论重构是教育发展的必然趋势。现代教育理论强调以学生为中心，注重学生个性化需求，以及教学方法的多样化和互动性。这些理论在教学模式上的应用，旨在提升教育的有效性，促进学生全面发展，使教育更加符合社会的实际需要。

在现代教育理论下，教学模式的一个重要特点是学生中心。这一理念认为，教育应以满足学生的需求和发展潜能为核心，而非仅仅传授固定的知识内容。基于此，教学模式需要转变为促进学生主动学习、批判性思维和创新能力的发展，而不仅仅是接受被动填鸭式的知识灌输。

另一个现代教育理论的核心是构建主义学习理论，该理论强调知识不是被动接收的结果，而是学生通过互动、实践和反思在现有认知结构基础上积极构建的过程。基于构建主义的教学模式，教师的角色由"知识的传递者"转变为"学习的引导者"和"环境的设计者"，引导学生通过探索和实践来建构知识，鼓励多元化的解决方案与创新思维。

现代教育理论亦强调了多元化教学法的引入。比如，运用项目式学习（Project-Based Learning, PBL）、合作学习（Collaborative Learning）和翻转课堂（Flipped Classroom）等方法，这些教学模式鼓励学生互动、合作，促进学生从不同角度思考问题，深化理解并在真实或模拟情境中应用所学知识。

在感知心理学和社会心理学等现代教育心理学理论的支持下，教育者开始更多考虑情感因素和社会环境在学习中的作用。这促成了情感教育与社会技能培养的融入教学模式中，努力培育学生的同理心、沟通能力和团队合作精神。

（二）教育模式创新的理论基础

教育模式创新是现代教育变革不可或缺的一环，其理论基础植根于对教育本质和目标深刻的重新思考。理论基础的确立不断推动着教育模式朝着更加先进、有效和人性化的方向发展，以下是支持教育模式创新的几个核心理论基础。

1. 学习理论的更新

知识构建主义：知识构建主义理论由 Piaget 和 Vygotsky 等心理学家提出，它反对传统的教育观念，即知识是从教师到学生的单向传递。构建主义认为，知识是学生通过与现实世界的互动和个人经验的反思中主动构建的。在这个过程中，学生不是被动的信息接收者，而是积极的参与者，他们通过探索实际问题、合作交流和内省，构建自己的知识体系。因此，构建主义理论倡导的教学模式，鼓励开展富有挑战性的问题解决活动、基于项目的学习，以及让学生在真实的或模拟的环境中能够应用所学知识。

情感构建主义：情感构建主义理论是对知识构建主义理论的一个重要补充。它主张，学习不仅仅是一个认知活动，更是一个涉及情感的过程。学习者的情感体验、价值观以及个人信念同样对学习具有重大影响。有效的学习环境不仅需要支持认知发展，而且要营造积极的情感体验，如安全感、成功感和所属感。教学模式需提供支持学生情感表达的机会，同时鼓励学生探讨和形成个人价值观。

2. 教育目的的拓展

多元智能理论：多元智能理论由 Howard Gardner 提出，该理论认为智能不只有一种，而是存在多种形态，如语言智能、逻辑数学智能、空间智能、身体运动智能、音乐智能、人际交往智能、内省智能和自然观察智能。Gardner 的理论打破了传统教育中只重视语言和逻辑数学能力的局限，主张学校应该充分发展学生的所有智能，让每个学生都能在自己擅长的领域中实现潜能。

全人教育理论：全人教育理论则更加强调学生作为整体个体的成长，包括他们的认知发展、情感发展以及精神性成长。全人教育理论要求教育不仅要传授学术知识，还要关注学生的身心健康、社交能力、艺术修养和道德观念。这种教育模式倡导一种更加全面的学习体验，旨在帮助学生在各个方面都能发展和提升，培养他们成为现代社会的有能力、有责任感、有道德的公民。

3. 社会变革的需求

社会的快速变迁对教育系统提出了新的要求，现代社会不仅需要具有专业技能的人才，更需要能不断学习并适应社会需求变化的个体。在这种背景下，终身学习理论和可持续发展教育理论等现代教育观念开始得到重视。

终身学习理论：该理论提倡个体应在其整个生命过程中不断学习，不论是在学校教育还是职业生涯中，甚至在退休后也应继续学习。这种学习态度和习惯能使个体在变化多端的社会和职场环境中保持竞争力。

可持续发展教育理论：该理论强调教育需要培养学生关于可持续发展的知识、技能、价值观和行为。这要求教育与经济发展、社会正义和环境保护等全球性问题密切结合。

教育模式创新需充分考虑这些理论，以提高学生对社会变化的适应能力，培养他们对复杂问题的创新思考和解决策略。同时，也要提供学生有关环境保护、社会包容和经济可持续的教育，为未来社会的可持续发展作出贡献。教育者应运用这些理论来设计课程和教学活动，激发学生的创新潜能，培养他们成为能够面对未来挑战的负责任公民。

二、技术进步与教育理念的更新

（一）现代技术在教育模式中的理论地位

信息和通信技术（ICT）的蓬勃发展深刻地改变了传统的教育模式，为教学和学习带来了创新的可能性。随着信息技术和通信技术的飞速发展，现代技术在教育领域中的应用日趋广泛，其理论地位亦在持续提升。在现代教育理论中，技术被视为加强教与学有效性的重要工具。现代技术已融入教育的各个层面，包括教学方法、学习资源的获取、信息的交流以及评估机制的创新等。在教育模式创新的探索中，现代技术被视为一种促进教育变革的强大动力。

现代技术在教育模式中的理论地位，可以从以下几个方面进行阐释：

1. 促进个性化学习

现代技术支持实现更贴合个人学习需求的个性化教育。利用人工智能、大数据分析等技术，教育者可以对学生的学习习惯、能力水平、知识掌握情况进行跟踪和分析，据此提供量身定制的学习内容和教学策略。这种个性化的教学方法能有效提高学习效率和成效，同时增进学生的学习满意度。

2. 增强学习的互动性和协作性

教育技术提供了更加个性化的学习经验，通过数据分析和学习算法，可以根据学生的学习速度、风格和需要调整教育内容和教学节奏，从而提高了学习效率。现代技术如网络平台和社交媒体提供了便利的交流和协作空间，打破了传统课堂的局限。教师和学生可以借助这些技术进行更灵活的互动和协作学习，超越时空的限制，扩大学习的边界。

3. 改进课程内容和教学资源的交付

信息技术为学生提供了在线合作工具，如网络论坛、社交媒体和云端文档，使得不受地理和时间限制的团队合作成为可能。这促进了学生间的互助和资源共享，同时培养了有效沟通和团队工作能力。现代技术使得各种数字化教学资源变得易于获取与共享。课程内容可以通过多媒体、虚拟现实等丰富的表现形式呈现，提高教学的吸引力和感染力。同时，网络开放资源（如 MOOCs）让优质教育资源为更多人所共享，大大降低了教育不平等。

4. 提供灵活多样的学习方式

ICT 技术打破了地域限制，通过网络课堂、在线课程和远程学习平台，使教育资源得到了广泛传播和共享，特别是对于偏远地区和身体残障者的学习机会有了显著提升。通过移动设备和云计算等技术，学生可以随时随地进行学习，享受更大的学习自由度。这种灵活性满足了终身学习和自我驱动学习的需求，为学习方式提供了多样选择。

5. 改善教育评估与反馈机制

现代技术通过智能分析和即时反馈机制使教育评估更加快速准确。利用在线测验和自动评分系统，教师可以高效地评估学生的学习进度和成效，为学生及时提供反馈和指导，促进学生对知识的巩固和深化理解。

现代技术在教育模式所占的理论地位是不可动摇的，它要求教育者开放思维，不断探索和利用科技工具，以创新的方法进行教育交付和管理。同时，现代技术的应用也需基于对教育价值和目标的深入理解，确保技术服务于教育的根本需求，而非技术本身的展示。

（二）技术变革对教育理念刷新的推动作用

技术进步不仅深刻改变了我们的生活方式，也在根本上刷新了教育理念。在这一过程中，技术变革成为推动传统教育理念更新的关键力量。以下是技术变革对教育理念刷新的推动作用的具体解析。

1. 加速教育民主化

技术变革通过网络教育资源的广泛传播，使知识获取变得不再受地域、经济和时间的限制，推动了教育民主化的进程。这一变化重塑了教育理念，使之不再局限于精英教育，而是变成更加普及和包容的学习机会，实现了教育的平等化。

2. 重新定义师生角色

在技术支持的学习环境中，教师从传统的知识传递者的角色转变为学习的组织者、引导者和协助者。技术的介入使学生能够通过网络课程、在线交流等独立探索知识，这迫使教育理念从教师主导型转向学生自主型，促进了学习者中心的教育模式的形成。

3. 强化终身学习理念

随着知识更新的加速和职业生涯的多元化，终身学习成为人们必须拥抱的新常态。技术变革提供了在线学习平台、虚拟大学等多种渠道，支持个体在任何阶段继续扩展和更新他们的知识和技能。这种机制促使教育理念重视终身学习，将教育视为一个持续的、生命全周期的过程。

4. 促进创新和批判性思维的发展

现代技术特别是互联网提供了海量的信息资源和多样的思想观点，这要求学习者具备选择、分析和评价信息的能力。在这一点上，技术变革推动了教育理念更新，强调创新意识和批判性思维的重要性，以适应不断变化的现代社会。

5. 支持个性化和定制化教育

技术如大数据分析和人工智能使得教育内容和方式的个性化成为可能。通过跟踪分析学生的学习行为、成就和偏好，能够为他们提供定制化学习路径。这种技术驱动的个性化方法推动教育理念发展，更注重适应每个学习者的独特需求。

6 强化协作和社会连接性

技术提供的通信和协作工具促进了跨文化、跨学科的合作学习，这需要一个开放和互动的教育理念支持。教育不仅是传授知识，也是培养全球公民的平台，强调协作能力和社会互动技能的重要性。

综上所述，技术变革对教育理念的刷新有着深远的影响。教育理念的更新应顺应技术趋势，采纳不断进步的技术工具，以提升教育质量，满足现代社会对教育的新期待和挑战。教育者需持续开展职业发展和学习实践，确保能够利用技术潜力，塑造富有成效和适应性的未来教育环境。

三、学习者中心的教学理念

（一）学生主体性在教学过程中的理论支撑

在学习者中心的教学理念中，学生的主体性是核心原则之一。这一理念鼓励教师关注每位学生，尊重并发展其自主性、创造性和批判性思维能力。学生主体性在教学过程中的理论支撑主要来源于以下几个方面。

1. 认知发展理论

Piaget 的认知发展理论强调，儿童的智力发展经历几个阶段，每个阶段都有其特定的认知结构和能力。教育应基于学生的发展阶段来设计适宜的教学方法，激发学生构建知识的积极性。认知发展理论支持了学习者中心理念中学生作为知识构建者的角色。

2. 社会文化理论

Vygotsky 的社会文化理论提出，学习是在社会互动中发生的过程，学生通过与他人合作和社会性交往中学习文化工具和社会规范。理论认为学生是教学活动的主动参与者，强调了学生主体性在学习过程中的意义。

3. 情感教育理论

情感教育理论关注学生的情感和自我意识，主张教育应关注学生的内在体验和个人化需求，通过情感互联建立学习动机和积极态度。这为学生在教学过程中的主动作用提供了感性支撑，强调了教师应结合学生的情感发展实施教学。

4. 结构主义学习理论

结构主义理论认为，学生通过与某个知识领域的结构性接触来学习。结构变化赋予学生主动解决问题的能力，学生不是被动接受者，而是能够主动探索和解决问题的学习者。这个理论为学生的主体性在教学中的地位提供了支撑。

5. 建构主义学习理论

建构主义理论认为知识由学习者自己建构，不是简单接受他人给出的答案。教学中应为学生提供一个开放、探索和自我发现的环境，教师应从学生的需求和已有知识出发，设计教学活动，促进学生的深入学习和理解。

学生主体性在教学理念中的理论支撑为教学过程的设计和实施提供了理论框架。在这些理论的指导下，教学实践应当发展学生作为学习过程中主导者的能力，重视他们的独特性，并创造条件以促使每位学生都能在尊重其主体性的教学环境中得到发展。这要求教育者在设计教学计划和实施教学策略时，须将学生的主体性放在首位，提升他们的自我管理能力、自主学习能力和创造力。

（二）个性化教学对学生主导学习意义的理论解读

个性化教学在学习者中心教学理念中占据着极为重要的位置，其核心在于调整教学方法和内容，以满足每位学生独特的学习需求和偏好。个性化教学的目的是为了促进学生的主导性学习，也就是说，让学生成为自己学习过程的决策者和管理者。以下是对个性化教学对学生主导学习意义的理论解读。

1. 行为主义理论基础

行为主义学习理论指出学习是通过刺激和反应的关系逐步建立起来的，不同的学生对相同的教学刺激可能作出不同的反应。因此，个性化教学追求为每个学生提供适配其行为反应的刺激，以达到最佳学习效果。在这一理论基础上，学生主导学习意味着学生能自主寻找最适合自己的学习路径，这样的教学策略能有效增强学习成效。

2. 认知发展适应性

Piaget 的认知发展理论强调个体认知结构的发展阶段，个性化教学因此需要适应每一位学生的发展水平，选择符合他们认知阶段的教学内容和方法。这一适应性强化了学生主导学习的理论内涵，确保教育过程与学生的个体差异和发展需求相吻合。

3. 建构主义理念的体现

建构主义学习理论认为学习是一个主动构建知识的过程，而教师的任务是创造支持个体积极学习的环境。个性化教学正是为了营造这样的环境，鼓励学生从自身兴趣和先前知识出发进行深入探索。从建构主义的视角看，学生主导学习是个体内在需要和认知活动的自然结果。

4. 多元智能理论的应用

Howard Gardner 的多元智能理论提出，个体在不同智力领域具有不同的优势。个性化教学允许教师根据学生在各智能领域的表现设计教学活动，促进其智能的全面发展。在多元智能理论支持下，学生主导学习意味着学生可以根据自己最强的智能类型选择学习方法和资源。

5. 自我决定理论的强化

Desi 和 Ryan 的自我决定理论指出，当人们感到自己的行为是自主的，不受外界强迫时，他们的内在动机和满足感会增强。个性化教学为学生提供了选择的自由和控制感，从而激发了学习的内在动机。按照自我决定理论，学生主导学习是个体追求自主性、胜任感和关联感的表现。

从这些理论角度来理解，个性化教学不仅关注如何传授知识，而更重视如何建立一种支持学生根据自身条件和偏好来主导学习的环境。这要求教师深入了解学生的个体特点、学习风格和动机，然后提供个性化的教学反馈和资源，使学习过程成为每个学生的个性化发展之旅。教育者在个性化教学中的任务是引导并支持学生作为学习过程中的主要决策者，确保他们能够根据自己的节奏和兴趣主动参与到学习中。故此，个性化教学不仅为学生主导学习提供了理论基础，也通过实际应用加强了学生作为学习者的主体性。

｜第五章｜
中职汽修基于校企合作的
项目教学模式

汽修专业有着相对较高的专业属性与实践性质，学生不仅需要学习不同车辆的结构构造，还需要掌握其中不同设备零件的功能与运行原理，进而在诊断与维修的过程中拥有更专业的理论基础，达到更好的学习成效。因此，通过加强实践性教学和与企业的合作，中职学校可以提升汽修专业的教学质量，使学生在课程学习中获得更丰富的实践经验，更好地掌握专业知识和技能，增加就业竞争力，为行业的发展培养更优秀的人才。

第一节　中职汽修基于校企合作的项目教学模式

汽修专业的实践教学离不开专业化的设备和车辆支持，而这需要大量的资金投入。然而，通过与企业建立合作平台，可以达成更有效的辅助机制，以提升学生的实训效果。

一、项目教学模式概述

（一）项目教学模式的定义

项目教学模式是一种以学生为主导、教师为引导的教学策略，旨在通过真实或仿真的项目实践，培养学生的职业技能和解决实际问题的能力。在这个模式中，学习活动围绕着一个核心项目展开，该项目通常模拟真实工作中的情景，要求学生应用所学知识去应对各种挑战，开展团队合作，并在过程中探究、实践、反思。项目的选择依据教学目标设定，既要考量学科知识的深度与广度，也要结合学生的兴趣和职业发展需求，确保项目与学生未来的职业实践相契合。

这种模式强调"学中做，做中学"的理念，使得学习过程不再是知识的单向传授，而是知识的双向建构和技能的实践锻炼。它倡导的是一种探索与发现并重的学习方式，让学生在尝试与错误中学会分析问题、解决问题。通过这样的学习过程，学生不仅能够掌握必要的理论知识，更重要的是能够培养出实际操作的能力与创新精神。在项目教学模式中，教师扮演的是设计者、引导者和反馈者的角色，而不是传统意义上的知识传递者。教师需要根据项目的进展合理地提供指导，协调资源，评估学生的表现，并及时给予反馈，这既提升了教学的针对性，也增强了学生的学习动机。

（二）项目教学模式的特点

项目教学模式是一种以结果为导向的教育方式，其核心在于通过项目的完成来实现教学目标，这一模式带有明显的实践色彩与应用价值。首要特点为学生主导性强，学生在教师的指导下自主管理项目，从而培养学生的自主性与责任感。其次，项目教学模式注重过程，学生在项目实施过程中不仅要运用知识解决实际问题，而且通过团队合作、资源协调、计划实施等活动，锻炼与提升跨学科综合能力。此外，该模式具有强烈的实践性，学生在真实或模拟的工作环境中学习，使得学习内容与职业实践紧密结合，增强了学习的应用性和有效性。

项目教学模式亦具备灵活性，可根据教学目标与学生需求调整项目内容和难易程度，这样的灵活应变确保每个学生都能在适宜的挑战中得到成长。还有，强调整体性和系统性，不是孤立地教授知识点，而是通过整个项目的完成体验知识的全貌和工作流程。最后，项目教学模式扩展了学习空间，不局限于传统课堂，可以延伸至校外企业、社区或研究机构，拓展学生的视野，形成开放的学习环境。

（三）项目教学模式在中职汽修教育中的应用前景

项目教学模式在中职汽修教育中的应用前景值得高度关注，因为这一模式与汽修行业对实践技能和解决问题能力的需求高度契合。在这个教育模式下，中职教育不再是简单的理论讲授，而是变成了一系列实际汽车维修项目的综合训练过程，学生在完成具体项目的同时，能够学习到与汽车维修直接相关的知识和技能。

首先，通过项目教学模式，中职学生将有机会直接参与真实的工作场景，比如汽车的日常检测、维护保养、故障诊断、修理工作等，这样的参与可以加深学生对专业知识的理解和实践技能的掌握。其次，项目教学模式能够培养学生的职业素养，如团队合作能力、沟通能力和职业道德，这些都是未来就业市场中不可或缺的素质。最后，中职汽修专业通过项目教学模式可以与本地汽修企业建立实习基地，通过校企合作提供实习实践机会，让学生的学习环境更加贴近未来的职业环境，这无疑能提升教育质量，增加学生的就业竞争力。

此外，随着汽车行业技术的快速更新，项目教学模式可以确保教育内容与技术发展保持同步，通过不断更新的项目内容反映最新的工作要求和技术标准。在未来，项目教学模式有潜力成为中职汽修教育中的主导教学方式，有助于中职教育培养出更多高技能、高素质的汽修专业人才，满足汽车行业对技术型人才的迫切需求。因此，项目教学模式在中职汽修教育中具有十分广阔的应用前景，将在培养学生实际操作能力、提升教育适应性和满足行业需求方面发挥重要作用。

二、校企合作的重要性

构建合作平台是促进学校与企业关系密切合作的关键。中职学校在发展汽修专业时，确实需要深入分析自身教学和实训建设中存在的不足和问题，找到与企业合作育人的有效途径。

（一）校企合作对教育质量的提升作用

校企合作在教育质量提升中扮演了不可替代的角色，通过密切的合作关系，学校能够直接从企业了解到最新的行业动态和技术进展，使得教育内容更加紧贴市场的实际需要。企业对人才需求的直接反馈，为学校提供了宝贵的信息资源，有助于学校调整和优化课程设置，保证教育内容的实时更新和实用性。这种信息共享与资源互通的机制，显著提高了教育的针对性和实效性。

校企合作还为学生提供实习和实训的机会，这一点对于提升教育质量有着重要意义。学生在企业的实际工作环境中进行学习和实践，可以更好地将理论知识与实际操作技能结合起来，培养学生的职业能力和就业竞争力。在此过程中，学

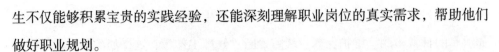

生不仅能够积累宝贵的实践经验，还能深刻理解职业岗位的真实需求，帮助他们做好职业规划。

此外，校企合作还有助于促进教师的专业发展，通过与企业的互动交流，教师可以了解到行业的最新发展和企业的实际需求，这对于教师自身知识和技能的更新十分有益。教师可以将行业最新的知识和技能带到教学中去，使得教学内容和方法更具前瞻性和创新性，提升了教学质量。

（二）校企合作对学生就业能力的影响

校企合作在塑造学生就业能力方面具有深远的影响，通过这种合作模式，学生在学习阶段便有机会亲身体验企业文化，了解行业实际运作，这些经验对于学生步入职场至关重要。

首先，校企合作使学生能够直接接触到企业的各项业务，通过实训，他们不仅学习专业技能，也习得必要的工作习惯和团队协作能力，大大缩减了学校与工作岗位之间的差距。

其次，校企合作为学生提供了解行业需求的第一手资料，帮助他们认清未来职场的竞争环境和自我定位。在企业中学习和交流的过程中，学生可及时调整自己的学习计划和职业发展策略，使之更加符合市场的要求。这种校企双向互动，使学生的职业技能、行业知识、职业态度以及解决问题的能力得到了全方位的锻炼和提升。

最后，通过企业参与学校的教学活动，学生可接受来自一线工程师或行业专家的指导。这种来自实战经验的指导对于学生理解复杂问题、学习先进技术具有无可比拟的价值。企业的参与还可为学生提供更多实习岗位，让学生在学习期间就开始积累工作经验，增强其就业抗风险能力。

（三）校企合作在行业发展中的战略意义

校企合作在行业发展中的战略意义不容忽视，它为行业的可持续发展提供了人才保障和创新动力。在这一合作框架下，企业可以直接对教育培养过程提出需求和建议，从而确保学校培养的毕业生能够满足行业的实际需求。这不仅优化了教育资源的配置，更加强了行业的竞争力。

首先，企业在产品研发和创新方面面临不断的挑战，校企合作提供了汇聚学术研究和行业实践的平台，促进了新兴技术的应用和推广。学校的研究成果能够经由企业转化为实际的产品和服务，同时企业的实际问题和挑战也能成为学术研究的课题，共同推动技术革新和行业进步；其次，行业发展需要不断注入新鲜血液，校企合作通过提供实习和就业机会，搭建了学生与行业之间的桥梁。这样的人才流动机制不仅为行业带来了有活力的新成员，也促使企业的人才结构更趋多元化和国际化，有力支持了行业的全球化发展；再次，校企合作提升了行业的整体培训水平和服务质量。在合作过程中，企业通过提供实际工作场景、研发资源和市场信息，帮助学校更准确地掌握行业趋势和技能要求，这反过来又能通过学校的教学和科研活动为企业输出更加专业和高质量的服务；最后，校企合作促进了行业标准的制定和优化。由于学校和企业在合作中共享资源和信息，这为行业内标准的制定提供了科学和实证支撑，有助于提高行业内部的管理和服务规范，从而增强行业的整体竞争力和公信力。

三、实施项目教学的策略及流程

（一）项目制定与规划

项目制定与规划构成项目教学模式实施的基石，它确保了教学活动能够针对性强且系统性地进行。在规划阶段，首要任务是设定清晰的教学目标，这些目标应涵盖知识掌握、技能训练和职业态度等方面，以期望成果为导向对项目进行细致规划。

调研行业背景和资源，对于确定项目的实际价值和操作性有着举足轻重的作用。这不仅要求教师具备对行业趋势的敏锐洞察力，还需要积极探寻和整合外部资源，使得项目设计能够紧贴行业现实和技术前沿。

项目内容的设计需要在确立教学目标和行业调研的基础上进行，将抽象的目标转化为具体可操作的任务，并规划合理的执行顺序与时间节点。同时，建立评价与反馈机制，这不仅能确保教学质量，还能够使项目能够灵活调整和改进。

项目的成功实施依赖于高效的团队合作，因此在规划阶段就要着手构建一个合作和谐、分工明确的团队。在确立项目任务和评价机制的同时，挑选合适的团队成员，明确各自的角色和职责，这对于项目的顺利进行至关重要。

（二）教学资源的集成与管理

教学资源的集成与管理是实施项目教学策略中至关重要的环节，它涉及教学内容、材料、技术和人才等多个方面的整合运用。优质的教学资源既要丰富课堂内外的教学环境，也要支撑项目的顺利执行。必须确保这些资源易于获取，能够适应不同学生的学习需求，并提高教学和学习的效率。

在集成方面，教育者应首先确保所集成的资源能够全面覆盖项目教学所需的理论知识和技能培训。资源应包括但不限于专业书籍、学术论文、行业报告、教学视频、模拟软件等，旨在形成一个互补且多元化的教学资源库。此外，与企业合作并利用其资源，如专业工具软件、技术文档及市场数据，将进一步丰富教学内容并提高教学实践性。

管理方面，需建立一个有效的资源分配和监控机制。创建一个集中的数字平台可以极大提高资源共享的灵活性和便利性，同时保障信息的安全和隐私。利用该平台不仅能实现资源的集中存储和分类，还能实现学习过程的跟踪，便于及时调整教学资源，提升整个项目教学的适应性和反应速度。

资源的更新同样重要，教育者需持续监测教材内容的时效性和相关技术的发展趋势，定期更新教学库。同时，收集学生和企业反馈，分析资源的使用效果，及时作出调整，确保资源能够有效支持教学目标的实现。

（三）项目实施与评估反馈机制

在项目实施阶段，详细的计划执行是核心。需组织学生按照既定的项目规划，进行分工协作，确保每一项任务都能在预定的时间内完成。在此过程中，教师不仅需要发挥指导作用，更应时刻准备为学生提供必要的支持，解决可能出现的问题。

与此同时，评估反馈机制的设置应贯穿项目实施的全过程。这一机制涉及对学生学习成果的持续监控和评价，包括过程性评价和结果性评价。过程性评价关注学生在项目中的参与度、合作态度以及解决问题的策略等，而结果性评价则侧重于项目最终的成果和学生的技能掌握情况。

有效的评估反馈机制还需包含对项目本身的评估，即项目结束后，教育者应对实施过程、资源配置以及项目达成的教学目标进行复盘，评估项目的成功之处和改进空间。此外，除了教师的评价，学生自评、同伴评价以及来自企业合作伙伴的外部评价都是不可或缺的，可以为教育者提供多维度的反馈，促进教学方法的不断完善。

第二节　全面推进课程与实践体系改革，凸显校企合作特色

随着科学技术的发展，当前国内大部分职业院校的教学已经明显跟不上社会的发展了，我们培养出来的学生远远满足不了企业的新技术、新工艺的要求，出现了职业教育与企业之间的不相适应，究其原因，主要存在以下两个问题。一是课程设置与现代化发展不相适应，二是职业院校生源匮乏，学生的素质较低。那么，职教学校想要改变现有的尴尬局面，则需要进行职业教育的课程改革，以便从根本上解决问题，而校企合作正是促进课程改革的有效方式之一。那么，在校企合作模式下该如何进行课程改革？我认为可以从以下几个方面考虑。

一、教材的选用与编写

（一）紧贴行业需求选用教材

选择教材时，首先要对汽车维修行业的最新技术进展、技能标准和市场需求有充分的了解。教材应涵盖当前行业内最前沿的技术，如混合动力车、自动驾驶技术、电子诊断工具的使用等，以保持教育内容的现代性和前瞻性。在此基础上，学校应与行业专家、企业合作伙伴密切协作，共同参与教材的选用过程。通过这种合作，可以确保所选教材不仅有理论深度，也有实践的广度和适用性。教材的选用过程中，应特别注意将理论知识与实践技能相结合，提供丰富的案例研究、操作指南和维修流程描述。这样的教材能够辅助学生更好地理解复杂概念，并在

实训中运用所学。

（二）校企合作参与教材编写

校企合作参与教材编写的过程应从企业的实际工作实践出发。企业可以提供行业最新的技术资料、工作流程、案例分析等内容给教材编写团队。学校方面，教师和教材作者可以借此更好地整合这些资料，形成适合教学的内容与结构。

在合作编写教材时，行业专家和学校教师应定期举行会议，讨论教材框架、内容深度以及教学方法等。企业不仅能够为教材提供最新的行业技术和案例，还能针对学生的就业技能提出专业的建议。通过这样的交流，教材内容将能更准确地反映企业对人才的需求。

此外，实操性是教材编写过程中需着重考虑的要素。编写团队应确保教材中包含大量的实操指导和任务驱动的活动，鼓励学生将理论知识转化为实际操作技能。适当的实践指南和标准操作程序的介绍，将有助于学生在实训中体验真实的工作环境。

二、教学方法与教学手段创新

（一）采用案例教学提高问题解决能力

在教学方法与教学手段的创新中，案例教学法是提高学生问题解决能力的有效途径。通过精心挑选或编写与实际工作场景紧密相关的案例，教育者可以引导学生探索问题的本质，学习如何在复杂的工作环境中寻求解决方案。

采用案例教学时，首先应确保案例内容真实、具体，且能够引发学生的思考和讨论。每个案例都应该包含充足的背景信息、详细的情景描述和具体的问题挑战，贴近学生的未来职业实践，增加其学习的投入感和紧迫感。

在案例分析的过程中，教师的角色转变为辅导者和引导者，而非单纯的知识传递者。教师应鼓励学生主动参与讨论，提出问题，分享观点，从而激发学生的批判性思维和创造性思考。此外，群体讨论和角色扮演也是案例教学中常用的手段，有利于学生从不同角度理解问题，并学会在团队合作中寻找问题的解决策略。

案例教学过程结束后，教师需对学生的分析过程和提出的解决方案进行总结和反馈。这既包括对学生思路和方法的肯定，也需要指出其中的不足和可改进之处。

（二）互动式教学法增进师生沟通

互动式教学法在创新教学方法和手段方面起着不可或缺的作用，它通过促进师生之间的直接沟通，增进了学习的深度和效果。在这种教学模式中，学生不再是被动的知识接受者，而是变成了积极的参与者，他们的想法和观点能够得到表达和尊重。

互动式教学强调对话和讨论，它破除了传统课堂的单向教学局限，鼓励学生提问和反馈，教师在其中扮演的角色更像是一个导航者和协调者。在这样的课堂上，教师利用问题激起学生的好奇心和思考，通过案例、角色扮演、小组讨论等手段促使学生参与到教学的各个环节中去。

在互动式教学中，可以实施即时评价和回馈，帮助教师更好地了解学生的学习状况，并做出相应调整。这种实时的、双向的沟通方式，使得学生可以更直接地掌握知识，同时教师也可以持续优化教学策略，建立起一种更为密切和有效的师生互动模式。

除此之外，互动式教学法也促进了班级内同学之间的交流与合作。在小组讨论和项目协作过程中，学生能够学习到如何倾听他人的观点、有效表达自己的意见，并通过团队合作完成共同的学习任务。

（三）应用信息技术工具提高教学效率

在教学手段的不断创新过程中，应用信息技术工具已成为提高教学效率的关键策略。这些工具包括但不限于在线学习平台、互动白板、虚拟现实技术以及各类教育应用软件，它们的运用极大地丰富了教学手段，增强了学习体验。

利用在线学习平台可以构建起一个互动性强、资源共享的教学环境。学生能够随时随地访问教学资料，参与线上讨论，进行自我测试，这样的灵活性是传统教室所无法提供的。同时，教师能够通过这些平台及时跟踪学生的学习进度和评估成效，实现个性化教学。

互动白板的使用增强了课堂的互动性，通过这一现代化教学工具，教师可以展示动态图像、视频及其他多媒体教学内容，学生也可以直接在白板上展示自己的想法，共同参与问题的解决过程。

教育应用软件的多样性为教学提供了更精准的支持，无论是语言学习软件、编程练习平台，还是数学问题解答工具，它们都能够提供连续的学习路径和即时反馈，有助于学生掌握学习节奏，提升学习效率。

三、课程体系与教学内容改革

（一）根据企业需求调整课程设置

课程体系与教学内容改革的一项核心任务是根据汽修企业的实际需求来调整课程设置。这一过程旨在确保所提供的教育内容与汽车维修行业的发展趋势及技术创新同步，从而为学生的职业能力培养提供坚实基础。

课程设置的更新和调整要始终围绕行业要求展开。为此，中职学校应与各类汽修企业建立紧密合作关系，定期对行业技术变化和企业人才需求进行调研。通过行业访谈、技术研讨等形式，汲取一线技术信息和人力资源状况，作为课程调整的依据。

与企业合作的深入还能帮助学校直接了解到诸如新型汽车电子系统、混合动力维修、以及环保排放标准等领域的最新技能需求。据此，学校可设立或优化诸如新能源汽车技术、汽车电子诊断、车身修复等现代化课程，以迎合市场对专业技术人才的渴求。

在课程内容的具体编排上，既要包含基础和前沿的理论知识，也要注重实操技能的培养。通过引入实际案例、故障模拟、维修操作演练等教学方式，预设各种实际工作场景，使学生在学习期间就能体验到真实的工作环境和任务，培养其临场解决问题的能力。

（二）理论与实践相结合的课程内容安排

课程内容安排应以行业标准为基础，融入汽修企业实际操作的技术要求。教学大纲中的理论教学部分应覆盖汽车结构、机械原理、电子电路、故障诊断等基础知识。同时，还应包含最新汽车技术的相关教学，比如新能源汽车技术、自动驾驶系统等，以满足行业的发展需求。

实践教学部分则要设置与理论教学密切相关的实训模块。例如，在学习车辆电气系统课程之后，应提供车辆电路板的实际焊接和调试练习；在研学发动机原理后，安排学生进行发动机拆装和故障诊断的练习。课程内容安排中还应包括企业实习，这样学生不仅在学校实训室内进行操作练习，还能走进企业，参与真实工作环境中的维修任务。

此外，理论与实践的结合也意味着教学过程中要不断地进行反思和调整。通过校企双方定期的沟通与反馈，可以对课程内容进行及时更新，确保教学内容与企业技术要求保持一致，并及时调整教学方法，使之更符合学生的学习习惯和企业的人才需求。

（三）定期更新课程内容，跟进技术发展

定期更新课程内容可以让教学内容及时反映汽车行业的最新技术动态，有效提升学生的专业技能和知识面。

定期更新课程内容的行动需要依托于与汽车维修企业和行业专家不断的沟通交流。通过企业技术讲座、技术研讨会等方式，学校可以了解到最新的行业动态与技术发展，从而做出及时的课程调整。

课程内容的更新不仅包含对现有知识点的修订，还包括新技术的引进。例如，随着新能源车辆的普及，课程中应加入与之相关的电池技术、电机管理系统等模块。对于传统汽修课程，亦需更新相关的环保排放标准、电子诊断技术、智能化维修等内容。

课程内容更新还应涵盖学习资源的扩充，如更新实训实验室的维修工具、诊断设备、教学模拟软件，以确保学生能用上与行业标准相符合的学习材料和工具。同时，也能通过引进虚拟现实等现代教学技术，提升学生的学习兴趣和实践操作能力。

四、实践教学体系变革与校企合作

（一）校企共建实训平台，提供实战经验

校企共建实训平台来提供实战经验，是教学改革的关键的一步。这种合作所建立的实训平台，不仅为学生打开了一个近似于真实职场的学习空间，也为企业塑造了一个培训和评估潜在员工的场所。

校企共建实训平台要求参与的企业提供必要的设施支持和技术资料，以确保实训平台在硬件和软件上都能满足专业教育的需要。例如，汽修企业可能会向学校提供汽车诊断设备、维修工具及车辆用于教学。学校应利用这些资源创建一个模拟真实汽车维修环境的实训室，让学生在做中学，学中做。

此外，校企合作还要设计与业务流程相符的实训课程，确保学生能够在接受课程教育的同时，获得符合企业标准的操作经验。这可能包括了解和执行汽车检测、故障诊断、维护保养、大修等实际工作流程。实训中的任务应模拟现实中的工作挑战，如时限紧迫的修理任务，或对特定技术问题的深入解决，从而提高学生的职业技能和解决问题的能力。

实训平台可以进一步提供真实的工作经验，通过企业实习或项目实作等形式。在企业实习过程中，学生有机会亲身体验企业文化，了解职场规范，接触到行业的最新技术。项目实作则更多地强调学生的自主能力和创新精神，鼓励他们在老师和企业技术人员的指导下，独立完成维修项目或解决实际技术问题。

（二）加强作业流程与企业标准的对接

实践教学体系变革与校企合作的另一重要方面是加强学校教学中的作业流程与汽车修理企业的工作标准相对接。实现这一目标，不仅对学生掌握行业实践具有重大意义，同时也为企业筛选和培养合格人才提供了便利。

确立作业流程与企业工作标准对接的第一步，就是深入了解汽修企业在实际操作中的具体要求。学校应与合作企业共同审查和分析，在职场实施的各项流程、操作规范、质量检测以及安全标准等，反映至学校教学的各环节里。

基于这些信息，学校应构建起与企业标准一致的作业审核体系。举例来说，

在进行汽车发动机维修教学时，教师应布置作业要求学生遵循相同的维修流程、使用规范化工具，并进行标准化的故障排除，这些都应当和企业的实际作业流程相一致。通过这种方式，学生在完成作业时不仅能够掌握必要的技能，也能将所学知识与企业实际工作环境结合起来。

除作业流程外，评分标准的设置也应当尽可能模仿企业的评价体系。作业的评价不只是关注技术操作的准确性，还包括工作效率、质量控制以及符合安全标准等，这将帮助学生提升自身工作质量，符合企业对技术人才的全面要求。

（三）创新实训考核方式，接轨企业评价体系

针对实践教学体系的变革与校企合作，创新实训考核方式并与企业评价体系接轨是一项关键的举措。这样的考核模式改革旨在通过实训成果的评估，更贴切地反映学生的职业技能水平，同时也使学校的教育成果与企业的人才需求直接对接。

考核方式的创新应从实训的内容和过程两个层面着手。在内容上，教学考核应综合学生的理论知识掌握情况以及实操技能，包括汽车的拆卸、故障诊断、维修、再装配等核心技能。过程上，则需要立足于学生实训过程中的专注度、操作规范性、安全意识等职业素养。

企业评价体系的接轨，要求学校与企业共同开发和认可的考核标准。这些标准不仅考查学生的综合技术能力，也要评估其团队协作、问题解决、以及适应工作环境的能力。这样的考核方式，既符合学校教学目标，同时也符合企业员工的职业操守和技能要求，为毕业生顺利融入企业打下良好基础。

为了实现考核方式的创新，学校可采用项目制考核、模拟技能竞赛、工作站旋转操作等多元化考评方法。通过这些方法，使考核过程更接近企业真实工作环境，同时考验学生的综合应用能力，真正做到考核形式与企业评价体系的有效对接。

第三节 加强"双师素质"队伍建设，
提高教师综合素质

随着社会的不断进步，企业对高素质技术型人才的需求日益增加。在高职院校中，培养高知识量的人才已不再是唯一的教育目标，更为重要的是培养具备强大实践能力、丰富生产经验、适应社会发展的技术性人才。然而，许多高职院校的教师队伍整体水平仍不够高，尤其是教师自身缺乏实践技能，这导致人才培养滞后，学校综合实力也相应落后。只有加强教师队伍建设，才能从根本上提高教育质量，为社会培养出适应社会发展的高素质技术型人才。

一、本校教师团队培养

（一）教师教育背景与职业经验融合

教师作为教育的执行者，其教育背景对于理论知识的传授至关重要。为了符合"双师素质"的标准，教师不仅需要具备扎实的专业理论知识，还需拥有丰富的职业实践经验。这种融合要求教师在掌握汽车维修专业知识的同时，还要能将这些知识应用到实际工作中，以便为学生提供生动、实用的教学内容。

为了加强这种融合，中职学校可实施教师技能提升和职业培训计划，定期组织教师赴合作企业进行技术研修和实操练习。这些培训不仅可以是短期的工作坊形式，也可以是定期的实习或在职进修，以确保教师能够紧跟行业技术的最新发展，并具备第一手的实践经验。

同时，学校应鼓励和支持教师进行职业资格认证和技能等级评定，使教师能够获得与企业标准相符的专业资质认证。这不仅能提升教师的个人职业技能，也可增强教师在学生心中的专业形象，有助于提高教学的权威性和说服力。

（二）定期开展师资技能培训

定期技能培训的内容需要覆盖当下汽车维修行业的新技术、新流程和新规范，确保教师对行业动态有着深刻了解和实际操作能力。例如，随着新能源汽车技术的迅速发展，教师需要掌握新能源汽车的维修技巧和电池管理系统的知识。同时，智能化诊断工具的使用方法和高级车身维修技术也是培训的必要内容。

除了专业知识和技能的提升，培训还需涉及现代教学理念和方法，如翻转课堂、项目导向学习等，促进教师在教学方法上的创新，提升教学效果。这种全方位的培训有助于教师了解如何将理论课程和职业实践更好地结合，激发学生的学习兴趣，并提高其实际操作的技巧。

实施师资技能培训时，学校可以邀请行业内资深技术专家来进行专题讲座和工作坊，也可以与企业合作为教师提供实地操作的机会。此外，教师也应被鼓励参与职业技能竞赛和技术交流会，以此作为教师技能提升的切实平台。

（三）建立教师业绩评价与激励机制

教师业绩评价系统需要综合考量教师在教学、实训指导、专业发展、以及与企业合作等方面的表现。这一评价制度应公正、透明，并针对汽修教育的特点进行设计。评价指标不仅包括传统的教学质量和学生反馈，更应深入到教师在实训项目中的指导能力、新技术的应用情况、教学方法的创新程度，以及在校企合作中的贡献。

在这一评价体系中，激励机制起到至关重要的作用。系统地奖励高绩效教师，不仅可以提高教师的积极性，更能够推动他们在专业领域的不断进步。激励措施可以包括职称晋升、奖金、学术交流的机会、更先进的教学资源，甚至是与校外企业合作的首选权。

为有效实施这一评价与激励机制，学校需要设立专门的评估委员会，由学校管理层、学术领导和行业代表组成。此委员会定期收集和分析教师的教学与实践活动数据，确保评估结果的准确性和公平性。

同时，应充分与教师沟通评价标准和结果，鼓励教师根据反馈进行自我改进。鼓励教师积极参加校内外的专业培训，不断学习新的知识和技能，以满足汽修行业的发展需求。

二、兼职教师队伍建设

（一）行业专业兼职教师的选拔与培训

兼职教师队伍的建设在整个教育体系中扮演了不可或缺的角色，特别是行业专业兼职教师的选拔与培训环节，这是确保教师队伍与汽车修理行业紧密对接的关键举措。行业专业兼职教师的选拔要遵循严格的标准和程序，首要任务是确定候选人的行业经验和专业素养是否符合教学要求。选拔时需要强调专家不仅要有深厚的汽车维修专业知识和丰富的实践经验，还应当具备良好的教学潜能和沟通能力。此过程中，学校可以与企业共同协作，挑选那些在技术、工艺、以及市场趋势等方面具有前瞻性见解的行业专家。

培训部分则涉及如何将行业专业的实践经验和专业技能转化为教学内容。培训内容包括教育理念的灌输、教学方法的指导、课程结构的设计，以及班级管理等。特别是在教学方法上，培训需要帮助企业专家熟悉和掌握如何通过案例教学、实操演示、互动讨论等形式进行有效教学。此外，还需为兼职教师提供持续的指导和支持，例如通过定期的教学研讨会和交流活动，让他们有机会学习先进的教学理念和分享教学经验。学校也应当为兼职教师提供必要的教学资源和支持，保障其教学活动的顺利开展。

（二）增强兼职教师与全职教师的协同合作

为了强化兼职教师与全职教师的协同合作，首先需要确立清晰的合作目标和分工。学校应制定协同合作制度，明确兼职教师与全职教师在教学内容、课程安排、学生实践指导等方面的协作细则。这样可以确保双方在各自的专长领域中发挥作用，同时保持教学内容的连贯性和完整性。需要搭建有效的沟通平台。通过定期会议、工作坊以及在线协作工具，促进兼职和全职教师之间的信息共享和经验交流。沟通可以包括教学方法的更新、工具设备的使用以及对学生的共同评价方法等，旨在形成共同的教学理念和目标，提升教学效能。

开展联合教学活动也是促进协同合作的有效方法，如共同设计课题、实施项目导向实践活动、以及组织技能比赛等。在这些活动中，兼职教师可以贡献其丰富的行业经验，而全职教师则可以提供必要的理论支持和教学指导。这种协作模式不仅丰富了教学内容，也增强了学生的学习体验。为评估协同合作的效果，应设立反馈和评价机制，收集学生、教师及企业合作伙伴的反馈信息，用于调整和优化合作模式。

（三）营造尊重兼职教师的校园文化氛围

这种尊重体现在多个层面。在物质层面，学校应为兼职教师提供与全职教师等同的教学资源，如教室、实验室、工具设备等，并确保他们能够无障碍地使用这些教学设施；在行政层面，兼职教师的工作时间、待遇和职称评审等，也应与全职教师保持一致，确保他们的权益得到平等对待；在精神层面，学校可以通过组织师资交流活动、教学成果展示会等，来强化全体师生对兼职教师贡献的认识。开展这些活动不仅可以提高兼职教师的工作满意度和归属感，还可促进校园内部的沟通与合作，强化师生间的相互理解和尊重。

学校还应在政策层面确立兼职教师在教师队伍中的重要地位，将他们的成功案例和经验分享纳入教师培训和学生发展规划，展现学校对于他们专业实践经验的重视。为了将校园文化氛围塑造为一个支持性和尊重性的环境，需要来自学校高层到各职能部门、全体教师甚至学生的共同努力。这种文化环境不仅能鼓励兼职教师更好地贡献自己的专业知识和经验，还有助于提升整体的教育质量和学生的学习体验。

第四节　加强实训基地建设，彰显职业教育特点

实训基地是中职教育中为学生提供实践教学、培养职业技能的一体化设施，是中等职业教育的基础设施和职业技能培训的保证。建立面向校内学生并兼顾服务社会的实训基地，是中职教育中进行职业技能训练和职业素质培养的必要条件，也是提高办学质量的物质基础，对推动中职教育发展至关重要。因此，需要采取切实有效的措施，全面加强实训基地的建设，改善职业院校的办学条件。

一、校内教学性实训基地建设

（一）建立与汽修工作岗位相仿的实训环境

校内教学性实训基地建设的首要任务是建立一个与汽修工作岗位相仿的实训环境。这种环境的设置旨在模拟真实的工作场景，使学生能够在接近实际工作条件的情境中学习和练习，从而提高他们的职业技能和适应能力。学校应当投入必要的资源，包括场地、设备、工具以及安全装置等，来构建一个全面的汽车维修工场。实训环境的布置不仅要包含常见的汽车维修设备，如举升机、平衡仪、对齐机等，还应该引入目前行业内使用的高端仪器和诊断工具。

为了更贴近实际工作流程，实训环境应包括接待区、维修操作区、检测诊断区等不同功能区域，学生可以在这里通过角色扮演等方式，体验前台接待、故障咨询、车辆检测、维修方案制定等不同的工作环节。实训区应安装摄像监控系统等，老师可以通过这些设备实时观察学生的操作，及时给予指导和反馈。在实训材料方面，学校需要定期更新车辆和配件，确保所使用的模型和组件能够代表现代汽车工业的发展水平。同时，通过模拟不同类型的车辆故障和常见问题，可以使学生接触到多样的维修情景。

（二）引进先进的维修设备与工具

引进先进的维修设备与工具，通过高标准的实训设施，为学生提供与行业发展同步的教学环境，确保其能够精通最新的汽车维修技术。引入先进维修设备的工作需要由学校和企业共同进行市场调研，了解汽车维修行业的最新技术趋势。基于这些信息，选择那些能够代表行业内领先水平的诊断工具、维修设备和教学辅助系统。例如，引入智能故障诊断系统、多功能电器测试仪、排放检测设备、以及混合动力汽车维修工具等，这些都是提升学生技能的必要工具。

引进设备不仅仅是为了教学展示，还需要确保学生能够在实践中操作使用。因此，学校需要配备专业的技术团队，对这些先进设备进行定期的维护与更新，同时也要对教师进行相应的培训，使他们能够熟练操作这些新引进的设备，并正确地将其融入教学。

（三）设计真实工作情景的实训模块

实训模块的设计应紧扣汽车修理行业的实际工作流程，如车辆检测、故障诊断、维修策划、客户服务等环节。通过与企业合作，学校可以获取最新的工作标准和情景案例，确保实训模块能够反映真实的工作场景和行业需求。实训模块的构建需要模拟车间的运营管理，涵盖从客户接待、工作订单处理，到具体的维修操作、质量检测、以及服务后评价等全过程。学校应根据不同工作岗位的特点，设计对应的实训任务，让学生在完成任务的过程中，逐步积累经验并掌握必要的职业技能。

在教学环节，应结合理论与实际操作，采用案例教学、角色扮演、小组协作等多样化的教学方法。例如，可以设置特定的模拟故障车辆，让学生进行团队合作，分工协作地完成整个故障排查和修复过程。这样的模式既锻炼了学生的技术操作能力，也加强了其团队沟通、问题解决等综合能力。同时，为提高实训的挑战性和实效性，实训模块还应设立评估机制，通过模拟客户反馈和同行评审等方式，及时给予学生综合评价和反馈。这种互动式的评估过程可以增加学生完成实训任务的积极性和主动性，更好地促进知识与技能的内化。

二、校内生产性实训基地建设

（一）与企业合作开发学生实训产品

与企业合作开发学生实训产品，通过贴近产业和市场的实训活动，提升学生的职业技能与创新能力，以及增进学生产品开发全过程的实践经验。学校需与企业紧密合作，探讨和确定符合教学目标且具有市场潜力的产品开发项目。通过这样的合作，可以确保所开发的产品不仅对学生的教学与技能培养有益，同时也符合企业的生产需求，实现校企共赢。

在实训产品的开发过程中，学生的参与应当遵循产品研发的各个阶段，包括市场调研、需求分析、设计规划、原型制作、测试验证到最终的产品改良等环节。在具体实施时，教师和企业专家需要对学生进行指导，确保学生在实际操作中遵循工业标准和流程。学校还应尽可能提供必要的资源与工具，如模型设计软件、

3D打印机、模拟测试设备等,以便学生能够在真实的工作环境中进行设计和测试。此外,应采取有效的项目管理方法,以确保学生实训产品的开发进度和质量能够得到有效的监控和管理。对于成功开发的实训产品,学校不仅可以将其作为教学成果展示,还可以探索与企业共同推向市场的可能性,提供给学生实际生产经营的经验。这样的经历能够极大提高学生毕业后的工作适应性和创业潜力。

(二)创建学生参与企业项目的机会

对于校内生产性实训基地的构建,创建学生参与企业项目的机会是提升实训质量的另一重要策略。这种参与不仅令学生把课堂所学与企业实际需求连接起来,也锻炼了他们解决真实工作问题的能力。

为了创建这些机会,学校需要与汽车修理及相关行业的企业建立稳定的合作关系。企业可以向学生提供在真实环境下工作的机会,如特定的项目任务或实习职位。在这些项目中,学生可在企业的指导下进行工作,参与企业的日常运营活动,如参加团队会议、协助进行市场研究、协助设计修理方案等。进一步地,可以组织学生参与到企业的真实项目中,如新产品研发、服务流程优化等。学生在企业导师的监管下,可参与项目从规划、执行到评估各个阶段,让学生在真实世界中运用其所学的技能和知识。

此外,学校应协助学生准备和规划参与这类企业项目的路径,明确项目中的学习目标,并与企业共同制定评估标准,以确保学生的经历不仅于企业有实际价值,也能对其学术成长带来积极影响。学校应当对学生在企业中的表现进行追踪和评估,将企业反馈和评价融入学生的学业评估。此举将激励学生在实训中表现更加积极,同时也为学生的职业生涯发展提供宝贵的参考。

(三)实训产出与市场需求的衔接

实现实训产出与市场需求衔接的首要步骤是深入行业进行市场调研。学校应与服务中心、维修企业等行业相关方进行合作,了解当前市场对汽车维修人才的具体需求,包括最新的技术技能、服务标准及职业素养。

根据调研结果,学校应调整实训课程设置,确保教学内容与实战技能都能满足外界的期待。课程中应整合市场最新需求,如新能源汽车维修技术、先进的诊断系统操作等内容，确保学生毕业后能直接投入工作岗位，高效地完成职责。

学校还需定期邀请行业专家来参与教学活动，或对实训模块提供咨询，以持续更新实训基地的设备和技术。同时，在实训过程中产生的成果，比如维修方案、改进技术或创新设计，都应与企业共享，以便企业可以直接应用学生的实训成果，从而加强校企之间的互动和资源共享。

除此之外，通过举行成果展示会、技术竞赛等活动，可以向行业和公众展现学生的实训产出，增加学生作品的曝光度，同时收集来自行业的反馈，为课程和实训项目的持续改进提供依据。

三、校外实训基地建设

（一）选择合作企业的标准与流程

合作企业的选择标准必须要明确并且严格，这包括企业在汽车维修行业中的地位、声誉、技术水平，以及培训能力。企业的维修工艺和技术必须达到当前行业的先进标准，能够提供包括但不限于最新汽车技术、诊断设备、维修工具在内的全面实训支持。

在流程上，学校需要设立专门的评审团队，负责合作企业的甄选过程。这个过程中，应当通过收集企业的相关资料、参观企业实训场地、评估企业的教学资源和实训指导能力等多维度考察，选拔最佳的合作伙伴。此外，合作标准中还应该包括企业对学生实训的具体支持方式，如是否提供实训补助、是否有安排固定的导师跟进学生实训、实训岗位的安全条件等。这些都是确保学生能够在安全和有益的环境中学习的关键要素。

在合作企业被初步确定后，学校还应与企业共同协商并签署合作协议，明确各自的责任和义务，包括学生的实训目标、实训内容、实训评估标准等条款。这样的程序可以保障校外实训基地建设的正规化、规范化管理，确保学生实训品质的同时，也保护学生和企业的合法权益。

（二）学生实习安排及监管机制

校外实训基地建设对于学生实习安排与监管机制提出了明确要求，这既要保障学生在实习期间的教学质量，也要确保其权益得到妥善保护。学生实习安排需要结合教学大纲和行业的实际需求，由学校和企业共同制订实习计划并分配适宜的实习岗位。实习计划应包含实习目的、所需完成的任务、实习时间及评估标准等。

监管机制方面，学校需设立实习指导团队，定期与实习企业沟通，跟踪学生的实习进展，并收集双方反馈。实习过程中，通过定期访谈、实习报告评审等方式，对学生的工作表现和学习进度进行评估。同时，学校也应确立起包括企业导师在内的双向沟通机制，鼓励学生在遇到任何问题时及时反映，确保及时协商解决。这种开放沟通的文化能够有效降低误解和潜在的风险，确保实习的顺利进行。此外，必要时还应建立由学生代表、校方联系人和企业导师组成的监管小组，以定期回顾实习过程，确保学生获得必要的支持，实习目标得以实现。

（三）校外实训基地的质量监控与评估

质量监控关注的是实训过程中的连续性评价。必须制定一套全面的监控流程，包括实训环境的设施设备、安全标准、教师与企业导师的指导质量以及学生的表现等多个维度。为此，学校需设立专门的监控团队，定期访问实训基地，直接观察实训活动，确保实施过程的规范性和实训环境的适宜性。

评估则关注实训成果，并对其进行系统的分析和反馈。评估可通过学生的工作成果、技能测试、企业反馈和学生自我评价等多种方式进行。学校应与企业共同开发评估工具和标准，一方面满足教学需求，另一方面贴合企业实际情况，确保评估结果具有针对性和可操作性。定期的反馈环节应当被纳入到监控与评估体系中，以便对教学方案和实训内容进行及时的调整。这一过程包括收集学生、企业导师及教师的意见，分析存在的问题，并制订相应的改进措施。

｜第六章｜
中职汽修基于学徒制的情境教学模式

随着社会经济的发展，汽车已经成为人们常用的交通工具。在这种发展趋势下，社会对专业汽修人才的需求不断增加，同时企业对汽修人才的要求也不断提高。因此，中职院校在培养汽修专业人才时需要高度重视学生的综合素养和实践能力，同时根据时代需求对人才培养模式进行改进和优化，以培养更多高质量的应用型人才，满足社会的需求。

第一节　中职汽修基于学徒制的情境教学模式的概念界定

现代学徒制作为一种人才培养模式，可以提供更多实践训练机会，对汽车行业的发展也具有推动作用。然而，一些中职学校在应用这种人才培养模式时可能会遇到一些常规性问题，导致该模式的效果未能达到预期。因此，汽修专业教师需要结合时代需求和教学目标，积极探索如何有效应用现代学徒制。

一、学徒制的起源与发展

学徒制教学作为一种历史悠久的职业技能传承方式，源远流长。最初，在手工业时代，师傅通过实际操作向徒弟传授专业知识和技能，这种基于传统的工匠精神，将理论学习和手艺实践有机结合的教育模式，对职业教育产生了深远影响。随着社会的发展和工业化的推进，学徒制经历了从工厂内部的技能训练到现代教育制度中专业学徒课程的转变。在这一过程中，由于经济结构和劳动市场的变化，学徒制在形式和内涵上都有了新的解读和应用。

在当代教育背景下，学徒制特别强调学习者在实践中的主动探索和自我提升，它倡导在真实或模拟的工作环境中进行学习，以解决实际工作中遇到的问题。如此，学徒不仅能够获得必要的技术技能，还能够培养必需的工作习惯和职业道德。随着教育理念的更新与教学方法的发展，学徒制被赋予了新的生命力，特别是在中职汽修教育中，它以其独特的适应性和实用性得到了广泛应用。

结合中职汽修专业的实际情况，学徒制的现代变体——情境教学模式，以其侧重于模拟真实工作环境的特点，逐渐成为提升教育质量和学习效率的重要方式。本节内容，即将立足于对学徒制的这一发展脉络的深入分析，并解析其在中职汽修教育中的创新应用和理论支撑。在关注过去发展的同时，我们应当审视学徒制在当前技术环境和社会需求下的演变。特别是在信息化时代背景下，学徒制在中职汽修特色教育中如何实现传统与现代的有效融合，激发学生的学习兴趣，增强其职业技能。

二、情境教学的理论基础

情境教学模式，根植于多元的理论体系。认知心理学认为，知识不是孤立的信息单元，而是与特定情境关联的认知结构。因此，学习最佳发生在学习者参与相对真实的活动中，这时候他们能够构建意义，转化为自己的认知结构。基于此认知观点，情境教学强调将学习者置于模拟真实或实际的工作环境，使其在实际的或类似实际的问题解决情境下进行学习。建构主义学习理论也为情境教学提供了理论支撑。建构主义着重于学习者如何主动构建其知识系统，主张学习者在具体情境中通过解决问题来获取知识。教学情境的设定，旨在模拟专业实践中的挑战与情境，激发学习者的求知欲，通过实践活动，学习者可以将新知识融入原有知识体系。

此外，社会文化理论也为情境教学模式提供了坚实的理论基础。根据这一理论，知识传递和技能习得是社会互动过程中的产物，强调在具体的文化和社会背景中学习。情境教学模式鼓励仿真的社交环境，促进学生社会性认同的形成，培育学生在真实工作社群中的交流和合作能力。对于中职汽修的情境教学模式而言，这些理论的融合使得教学过程更为丰富和动态，将理论课堂教学与实车操作实训有机整合，让学生在经历工作模拟、问题处理等情景活动的同时，积极参与、体验和反思，从而深化理解和技能习得。

三、学徒制与情境教学的结合动因

探讨学徒制与情境教学相结合的必然性，需深入分析两者结合的背景和动因。首先，随着教育领域对终身学习的重视增加，学徒制常常被视为培养适应快速变化社会和工作环境的有效模式。这种传统与现代结合的教育形式，在提供专业技能传授的同时注重培养学习者的自我学习和适应能力。其次，情境教学作为一种实践导向的教学方式，能够提供真实或仿真的工作环境，促使学习者在实际操作中发现和解决问题。其目的在于提高学习的实用性和相关性，这个过程不仅能增强技能的学习效果，也符合当代教育对于学习者主动性和创造性要求的普遍趋势。

中职汽修教育中，工作环境和技术要求的复杂性使其成为理想的情境教学实践领域。汽车维修工作的实践性质要求教育者采取更符合行业特点的教学方法，而学徒制与情境教学的结合，正好满足这一需求。教学模式的创新可以提高教育质量，适应新技术发展趋势，同时缩短学生从学校到工作岗位的过渡期，提高其职业技能和综合素质。再者，企业在招聘时越来越注重应聘者的实际技能和工作经验。中职教育机构在酝酿未来汽修行业人才时，必须充分考虑企业的需求，与企业紧密合作。学徒制与情境教学的结合，能够确保教育内容与汽修行业的实际相吻合，让学生掌握市场需求的技能，更顺利地适用职业角色。

四、中职汽修特色与学徒制的契合点

中职汽修教育在培养学生实用技术和解决问题能力上显现独有的特色，这与学徒制的教育理念在多个层面上形成天然的契合。首先，在于其技能传授的直接性。学徒制强调通过师傅的指导与现场的实操，让学生直观地学习专业技能，而这正是中职汽修教育所追求的核心目标。其次，中职汽修教育注重学生职业素养的培育，而学徒制传统上强调的师徒关系在促进师傅和徒弟之间的价值观和工作态度传递上起着至关重要的作用。此外，学徒制下的个性化指导策略为满足每位学生不同的学习需求提供了高度定制的可能。

进一步来讲，中职汽修教育所倡导的经验学习模式与学徒制的实践理念不谋而合。学徒制倡导在真实的工作环境中学习，在实车维修项目中积累经验，无疑增进了课堂所学知识与实际工作技能的有机融合。此外，学徒制在培养学生自主学习能力上展现出的优势，正与中职汽修教育所强调的终身学习理念相呼应。在多变的汽车工业中，不断更新的技术和服务理念要求技术人员持续学习，而学徒制则为学生打下了自主更新知识和技能的基础。

最后，对于区域经济发展和社会服务产生积极影响这一教育目标而言，学徒制所提供的校企合作框架为中职汽修专业的学生创造了与地方汽修行业互动的机会，实现了教育资源的优化配置和社会服务功能的有效拓展。

第二节　现代学徒制的教学目标与应用场景

现代学徒制导向下，中职院校为更好的培养汽修专业人才，需要进一步深化与企业间的合作深度与力度，并且协同教育过程中一定要将双方教育优势充分发挥，从而确保培养出的人才能够符合社会企业用人需求，同时也为学生主体后续发展奠基。另外，为使学生综合能力能得到充分训练，中职院校需让其对现代学徒制含义和教学价值有真正认知，并且要让其做到遵循育人计划，积极配合企业指导人员和校内教师的教育工作，更要以就业为前提主动适应该育人模式。中职院校具体可从以下几方面为学生适应现代学徒制提供相应帮助。

一、教学目标的制定与期望成果

确立教学目标是设计和实施教学活动的前提。在现代学徒制的教学模式下，教学目标不仅涵盖知识层面的掌握和技能层面的熟练运用，也强调学生必须达到的职业素养和自主学习能力。具体来说，教学目标应当明确反映汽修产业对技术人才的实际需求，旨在培养学生成为适应性强、综合素质高的技术与服务综合人才。

针对期望成果，首要方面在于学生能够熟练掌握汽车维修的基础知识和操作技能，这是走上技术工作岗位的根基。进而，学生在完成学徒制教学模式后，应当能够独立分析和解决汽车故障，运用批判性思维解决工作中遇到的复杂问题。此外，优良的职业态度和团队精神也是教学所期望培养的核心成果之一，这包含了职业伦理、工作责任感以及协同合作能力等方面。另外，期望成果还包含了学生理解终身学习的重要性，并具备持续更新知识和技能的能力。随着汽修技术的持续进步，学生必须拥有自我更新的能力，以应对未来工作的挑战。

二、适用性：选择恰当的教学场景

在现代学徒制的教学模式中，选择和设计适合的教学场景至关重要，这直接关乎教学目标的实现和学习成果的优化。教学场景的选取必须基于行业的实际工作环境和进程，模拟汽修行业中出现的典型任务和挑战，以确保学生的学习经验与未来工作的真实性相匹配。

首先，恰当的教学场景应当考虑行业的技术趋势，如混合动力和电动汽车的维修技术等新兴领域。这不仅要求教学内容紧跟技术发展，更意味着教学场景应当包含相关的技术环境和故障案例。其次，场景选择需考虑学生的技能发展路径，逐步由简到难，由常见的基础故障诊断和维修工作展开，递进到更为复杂的电气系统故障诊断、车辆网络问题处理等高级技能的培养。此外，教学场景中应结合软技能的培养，如客户服务、沟通协调等，为学生未来的全面职业发展奠基。

在教学应用上，亦须确保场景的多样性和广泛性，这样既可以保证学生能够面对多种工作条件，也能够促进学生对于汽车维修专业知识的全方位理解。场景设计应支持跨学科学习，例如，将汽车维修技术与信息技术、管理学等相关领域相结合，培养学生的跨界工作能力。

三、学徒制模式下的师资角色与职责

在学徒制教学模式中，教师扮演的角色不只是知识的传递者，更是指导者、协助者和评估者。他们的主要职责在于塑造学徒的专业技能和职业素养，同时培养他们的学习能力和创新精神。这一模式要求教师具有扎实的专业知识、紧跟行业发展的能力以及高度的职业敬业精神。

教师在技能教学中，必须确保指导精准，确保学徒能够理解并掌握每一个操作的科学原理及其在实际工作中的应用。同时，他们需设计适宜的实操任务来强化学徒的手工技能和故障诊断能力。除了专业技能的指导，教师还需营造良好的学徒文化，鼓励学生积极求知与合作共享，并在实际工作环境中进行社会技能的实践。这包括了职业道德教育，如诚实守信、专注负责等核心价值观的内化。

师资团队在进行教学工作时，还应承担对学徒进行持续评估的职责。评估不仅涵盖技能水平，也包括了学徒的工作态度、问题解决和团队协作能力。基于评估结果，教师需提供定向反馈和个性化的教学计划，以促进每位学徒综合能力的全面发展。最后，顺应行业动态变化的需求，教师有责任不断更新课程内容，引入新技术和材料，确保教学内容和方法的先进性与适用性。教师团队须与企业专家紧密合作，不仅了解最新的行业发展，也要借鉴先进企业的实践经验，为学徒提供学习最前沿技术的机会。

在学徒制教学模式下，教师角色的多维性与职责的扩展，为中职汽修教育带来深刻的变革。通过教师的专业引导和全面发展，学徒将在掌握知识和技能的同时，也逐步建立起终身学习和自主工作的能力。

四、学校与企业互动：理论与现实的协调

现代学徒制在强调理论与实践结合的同时，特别重视学校与企业之间互动关系的建立。这种互动关系旨在使教育内容与职场技能要求保持同步，确保教学成果能够顺利地转化为行业实践。学校与企业之间的互动首要确立在教学内容的共同开发上。学校的课程设计必须与企业的实际需求相对接，这要求学校的教师团队与企业技术专家共同出谋划策，确保教学材料和实操演练与企业的最新技术及操作标准一致。

配合理论教学，企业提供实操平台是该互动模式的核心组成之一。企业不仅为学生提供实习机会，更将自身转化为一个现场学习的场所，供学生在指导下进

行任务驱动的实践学习。通过这种方式，学生能够在真实工作环境中应用理论知识，深化技能理解。双向互动同样涉及人才培养的反馈机制。企业通过接收实习生，能够直接观察学校培养出的学徒在实际工作中的表现。这一过程中收集到的反馈，对学校课程更新和教学方法调整至关重要。一方面，学校需关注企业的反馈，将其转化为课程内容和教学方案的改进；另一方面，企业也可依据与学校的互动中发现的优秀实习生，为其未来职业发展提供指导和机会。

五、评估与反馈：学徒制教学效果的跟踪

教学效果的评估与反馈机制是现代学徒制成功与否的关键指标。此机制确保教学目标的实现，监控学徒在知识、技能和职业素养等方面的进步，以及评价教学方法的有效性。在学徒制模式中，评估开始于学生入学的初始技能测定，贯穿整个教育周期，直至学徒进入职场之后的表现跟踪。此过程中，采用多种评估工具，如定期考核、技能竞赛、项目评审、工作操练评价等，以多维度捕捉学生的成长轨迹。

反馈系统则依托于教师、企业导师和学生三方的互动。教师对学生的学习成果进行评价，企业导师提供实习期间的工作表现反馈，学生则通过自评和同伴评价反映自身的体验与感知。有效的反馈促进学生的自我认知，并为教师提供教学策略调整的实证基础。通过精准的评估与及时的反馈，可以及早发现教学方法和内容上的不足，从而快速调整教学计划，优化课程设计。这种循环迭代的评估与反馈很重要，能够不断提升教学质量，确保学徒制与行业需求的同步演进。

评估与反馈机制还包括学生的长期职业发展跟踪。毕业后的职业跟踪评估提供了对学徒制教育模式整体效果的深度审视，如职业稳定性、晋升速度和技能适应性等关键指标的追踪，是衡量教育成效的重要维度。综合评估与反馈机制，将教学和学习过程中的实时信息转换为调整和提高教育教学质量的策略。通过这一动态调整过程，现代学徒制得以持续优化，最终实现制定教学目标与满足行业发展需求的有机统一。

第三节　中职汽修情景教学模式的优点与不足

中职汽修情景教学模式的实施，使教育更加贴近实际，更加注重学生的综合能力培养。通过学校、企业和学生之间的紧密合作，可以更好地满足社会对汽修专业人才的需求，并为学生的职业发展提供更广阔的发展空间。

一、中职汽修情景教学模式的优点

（一）知识与实践的紧密结合：加深学习效果和记忆

中职汽修情景教学模式中最显著的优势便是知识与实践的紧密结合，它能够显著增强学习效果和加深记忆。该模式通过模拟或直接在真实的工作环境中教学，能使学生将理论知识立即转化为动手实践。这样的转换过程不仅促使学习者更为深刻地理解和记忆专业概念，还能够让他们在遇到真实情境时有效地应用所学。

实践活动的引入，为学生提供了以问题为导向的学习环境，他们必须动用批判性思维能力去调用相应的理论知识解决问题。这种主动学习的体验较传统的被动听讲更能提升学生的参与度和学习动机，帮助学生建立起自我驱动的学习模式。

情景教学模式亦强化了知识的应用性，这对于技术型专业的学生来说尤为关键。通过在模拟的工作情景中遇到的问题进行探讨和解决，学生能够更好地掌握知识，并理解其在实际工作中的应用价值。此外，该模式通过情景学习，使理论与实践相互联系和增强，形成一种双向学习循环。在这个循环中，实践经验反哺理论学习，深化认识；理论知识则丰富现实操作，提高技术水平。所以，知识与实践的结合不仅提升了教育的效果，更为学生的长远发展奠定了坚实的基础。

（二）学习积极性提升：情景模拟激励学生主动学习

中职汽修专业的情景教学模式在其教育体系中注入了互动与体验的元素，从而显著提升了学生的学习积极性。具体地，通过情景模拟的运用，学生得以身临其境地面对和处理与现实工作环境相仿的问题和任务。这种模拟不仅仅局限于技能操作，还扩展到了与客户的沟通、团队合作以及解决突发事件等情景。

在这样的学习环境下，学生自然而然地成为学习过程的主体。他们需要运用观察、思考、推理并进行决策，这些全面的认知活动兴奋了学生的学习神经，触发了他们探索未知、解决问题的内在动力。情景模拟的这一优点能够显著激发学生的好奇心和探索欲，驱动他们从被动接受知识转变为主动寻求知识。

进而，情景模拟中所设定的具体任务与目标清晰地向学生传达了学习的意义和目的，学生因此更能理解和珍视学习过程中的每一个环节。这些具体任务还为学生提供了即时的成效反馈，正面的反馈可以进一步巩固学生的自信心和成就感，从而提高他们持续学习和进步的愿望。此外，情景教学模式在模拟的情境中融合了评估和竞赛机制，如技能展示和技术竞赛等。这种机制不仅增加了教学的趣味性，同时提供了公平竞争的平台，激发学生内在的挑战精神和团队合作意识，使得学习行为更具针对性和实际应用价值。

（三）技能应用能力增强：即学即用，提升职业技能

在中职汽修领域内，情景教学赋予学生即学即用的能力，进而显著增强了他们的技能应用能力。这种教学模式通过提供模拟的汽修工作环境和实际的维修项目，将学生置于真实的工作场景，要求他们将课堂所学的理论知识直接运用到具体的操作技能中去。这样的应用实践不单是关于故障排查和解决技巧的练习，更是对工具和设备使用、工作流程、以及安全规范的全面培训。

中职学生在情景学习的过程中，不断在实际操作中验证和深化所学知识，这种学习方式加深了他们对汽车机械结构及系统工作原理的理解。而这种理解又反过来提高了他们解决实际维修问题的能力，形成知识和技能的正向循环。通过情景模拟不断反复执行的维修任务，学生的手工技能、故障诊断能力以及解决复杂问题的综合能力得到显著的提高。这种培养方式紧贴职业岗位的需求，使学生在完成学业后，能够快速适应并胜任汽修工作岗位，减少了从学校到工作场所的过渡期。除了实际操作能力外，情景教学还注重学生对汽车新技术和新材料的理解与应用，关注培养他们的终身学习和技能更新能力。在快速变化的汽车行业背景下，这种能力对于学生的职业生涯至关重要。

（四）专业教育与市场需求对接：增强学生就业竞争力

中职汽修情景教学模式突出的另一优点在于其与劳动市场需求的紧密对接，

旨在通过对学生专业技能的精确培养和教育内容的及时更新，显著提升学生的就业竞争力。此模式透过行业需求驱动的课程设计，确保所教授的内容和技能与汽车维修行业的实际需求保持一致性。

此教学模式通过企业参与课程开发、提供实习岗位和行业专家讲座等形式，让教育内容与行业标准同步更新，使学生的技能培养不仅限于传统的汽修知识，还包括最新的维修技术、诊断工具使用以及服务流程管理等。这样一来，学生毕业后能够直接进入职场，迅速适应工作需求，减少雇主的再培训成本。同时，学生通过真实的工作环境学习和实习经历，能够提前积累职业经验，理解行业文化和工作环境。在实际维修任务中所展现出的技能熟练度和工作效率，都会在求职过程中成为他们的有力证明。紧跟市场步伐的专业教育，还助力学生建立了面向未来的学习路径。随着汽车技术和行业需求的不断演化，通过情景教学模式培养出来的学生更具有学习新技能、适应新挑战的能力。

因此，中职汽修情景教学模式在生动的学习体验中涵盖了专业教育与市场对接的要素，不仅锻炼了学生的技能，更为他们提供了能够直接转化为职场优势的实践机会，从而在就业市场中显现出更高的竞争力。这种对接模式确保了教育投资的最大回报，同时促进了学生的职业成长和个人发展。

（五）培养综合素质：团队协作与问题解决能力的锻炼

情景教学模式不仅深化了学生对汽修技术的理解和运用，更重要的是通过设置合作任务和挑战性问题，有效地锻炼了学生的团队协作能力与综合问题解决能力。这一教学方式让学生在模拟的工作环境中进行集体项目工作，推动他们在团队中分工合作，协同解决问题。这种模式下，学生需在团队活动中培养沟通、协调、合作、领导等多种社交技能。在活动中他们经历共同筹划、分析问题、制定解决方案的全过程，这不仅提升了团队合作的效率，还培养了学生对复杂问题全面、深入考虑的能力。

同时，学生在面对团队协作中出现的冲突和挑战时，能够学习到如何有效地管理团队内部的关系、如何平衡不同的意见并找出最优解决方案。这种情境下的社会互动是学生在专业技能学习之外不可或缺的学习部分，有助于他们未来在职场上与他人合作，提升团队成果。除此之外，问题解决也是情景教学中不断被强调的关键能力。学生在解决实车维修任务中的各种技术难题的过程中，不断实践并提高了自身的临场应变能力和创新意识。解决问题的训练并不局限于技术层面，同样也涉及了如何作出快速判断、如何制订计划，以及如何调整策略来应对不确定的情况。

二、中职汽修情景教学模式的不足

在中职汽修专业中开展现代学徒制教学是值得重视的，但仍存在一些不足之处，需要予以关注和改进。

（一）资源投入大：硬件设施与教材开发的经济负担

中职汽修情景教学模式虽然在提升教学质量和学生技能方面取得了显著成效，但其实施过程中面临的一大挑战是所需资源的大量投入。为了营造接近真实的汽车维修环境，学校不得不对工作室、工具设备进行大规模的投资。这包括购置最新型号的汽车、维修工具以及诊断设备等硬件资源，以确保学生能够接触到行业内的先进技术和工作实践。

除硬件投入外，教材的开发和更新也是一个重要且经常被忽视的经济负担。随着汽车技术的迅速发展，更新教材以反映最新的车型信息、维修技术和行业标准是必需的。这不仅需投入资金进行教材编写和出版，还需定期进行市场调研，以保证教材内容的时效性和实用性。

（二）师资要求高：对教师实践经验和教学水平有更高要求

中职汽修情景教学模式对教育质量的提高起到了推动作用，然而，其对教师队伍的要求却相应提高，成为此模式实施的难点之一。情景教学要求教师不仅需掌握理论知识，还应具备丰富的行业实践经验及高水平的教学技巧。这种要求意味着教师必须熟悉最新的汽车维修技术和市场趋势，并能够将这些知识有效地转化为学生能够理解和操作的教学内容。此外，由于情景教学往往涉及复杂的情境模拟和问题解决实践，教师在引导学生学习的过程中，需要运用更加灵活多样的教学方法。教师不仅要在教学中娴熟运用各种教学工具和技术，还需具备协调学生团队工作和评估学生技能水平 的能力。

目前，能够同时满足这些条件的师资在汽修行业中相对匮乏。很多职业学校在招聘具备行业经验与教学能力双重背景的教师时面临困难，这限制了情景教学模式在中职汽修教育领域的广泛应用。因此，高师资要求成为中职汽修情景教学模式需要解决的重要问题之一。

（三）实施难度：课程安排与实施过程的协调挑战

情景教学模式虽为中职汽修教育带来多重益处，但在具体实施上亦面临不小的挑战。特别是课程的安排与实施过程中如何有效协调，成为实现教学目标的一大考验。由于情景教学常常要求模仿真实工作环境，这需要精心设计的课程结构和周密的时间管理。

一个显著的问题是，课程中理论学习和实践操作的结合往往难以做到均衡。若理论教学占据过多时间，可能会导致学生的实践机会不足，因而无法充分经历模拟情境中的教学点；反之，若实践操作过多而忽视了理论基础，则会影响学生对知识的深入理解和长期记忆。再者，每一次实践操作都需大量的准备和整理时间，如设备的搭建和维护、教学资源的配置等，这些都对课程的流畅性和连续性构成挑战。同时，各种实际操作对教学场地的需求也极大，诸如工作室的预约和管理，以及必要的安全监管等，这些都要求教育机构在行政和管理上投入额外的努力。此外，实施过程中如何保持对学生个体差异的关注，以及如何确保每个学生都能在情景模拟中得到充分的学习机会，也是实施难度大的一个重要方面。

因此，课程安排和实施过程的协调挑战是中职汽修情景教学模式需要重点关注的一个实施难点，它影响了该模式能否顺利运行并取得预期成效。

（四）评价体系不完善：有效评估学生能力的标准和方法缺失

尽管中职汽修情景教学模式为学生提供了仿真的职业环境和实际情境的体验，其目的是为了更好地评估和提升学生的专业能力。然而，评价体系的不完善成为这一模式中的一个明显短板。目前普遍面临的问题是缺乏一套针对情景教学特点，能够全面且有效评估学生能力的标准和方法。

在情景教学中，学生的成绩评估不应仅仅基于他们的理论知识掌握程度，更应侧重于他们在模拟工作环境中的操作技能、问题解决能力以及团队合作精神等职业技能的展现。有效评估这些技能，需要细化的评价准则和多元化的评估方法，这些目前仍然不足。此外，传统的评价体系往往难以量化学生在情景教学过程中的表现，特别是在软技能方面，例如学生的沟通能力、责任感、以及工作态度等。缺乏明确的评价标准和相应的评估工具，不仅影响对学生能力的全面认知，也间接影响了教学质量的提升和教学模式的改进。

（五）过度依赖特定场景：可能忽视理论知识的系统性学习

情景教学模式通过模拟真实的工作环境，为中职汽修学生提供了宝贵的实践机会。然而，一项潜在的问题是过度专注于具体情景的应用练习可能会导致学生在理论知识的系统性学习上出现疏漏。这种倾向可能会使学生在处理非标准或非常规问题时遇到困难，因为他们可能未能建立起对汽车系统及其工作原理全面深入的理解。

情景教学在强化特定技能和应急反应能力同时，有时可能会缺乏对汽修专业知识体系完整性的强调。这种片面的学习方式有可能导致学生对教学内容的掌握出现空白区域，影响他们实现全面发展的可能性。学生可能在模拟环境中表现出色，却在理论考验或面对尚未经历过的问题类型时显得不足。

因此，情景教学模式需要在激发学生对实际操作兴趣的同时，确保不丢失对基础理论知识体系的整体性和系统性教学。平衡实践技巧与理论知识的关系，以培养既能完成具体操作又具备扎实理论基础的汽修专业人才，是该教学模式需谨慎对待的教育挑战。

三、针对不足的策略思考

（一）资源共享机制：通过校企合作共同承担教学资源投入

鉴于中职汽修情景教学模式在资源投入方面的问题，发展有效的资源共享机制显得尤为重要。一种有效的策略是通过学校与企业之间的紧密合作，构建起共同分担教学资源投入的模式。实施这一策略首先需要建立校企之间的长期、稳定的合作关系，从而共享经济投入、硬件设备和教学场地。

借助企业的资源优势，可以降低学校在设施建设和教材更新上的独立负担。例如，企业可以提供最新型号的汽车、专业维修工具和诊断设备作为教学资源，学校则可以利用这些资源开展实践教学。同时，企业参与教材的编写和更新，不仅可以确保教材内容与行业标准同步，也让学生更快地适应未来的职场环境。此外，校企合作还可以拓展到教育和研究领域。企业可以资助学校开展特定研究项目，成果可直接转化为教学内容和教材案例，而学校可以提供人才培养和技能认证，这样的合作为双方提供了互利共赢的潜力。

建立资源共享机制不仅能缓解学校的经济压力，还能够加强教学与行业间的联系，为学校教育的持续改进和创新提供新的机遇，让教育培养的人才更贴近市场需求，并提高他们的就业能力。这种校企共享资源的策略，是对中职汽修情景教学模式不足的有力补充，有助于构建一个更为高效和可持续的教学体系。

（二）师资培养与引进：加强师资队伍建设，引进业界专家

面对中职汽修情景教学模式中存在的师资要求高这一不足，对师资队伍的建设进行加强显得尤为紧迫。解决这一问题的重点策略是系统化地培养和引进高质量的教师资源。学校可以通过增强师资培训，向在校教师提供持续的职业发展机会，使之与行业标准和新兴技术保持同步。包括提供周期性的行业短期工作体验和技术更新培训，帮助教师理解最新的汽车维修趋势和技术。

同时，学校可通过引进具有丰富现场经验的业界专家来充实师资队伍。这些业内专家带来的实战经验和专业知识，将极大丰富教学内容与方法，提升学生的学习经验。业界专家亦可借助其实践背景，为学生提供更多贴近真实工作情境的学习机会，更直观地传达工作中遇到的常见问题与解决策略。

除了聘请长期专职教师，学校也可以建立兼职讲师库，邀请不同领域的行业专家定期来校进行特定主题的交流与教学，以此来弥补常规师资的不足。通过这种方式，学生可以直接从源头获取新鲜的行业信息，加深对汽修职业实践的理解。

此外，学校可以与企业建立合作伙伴关系，发展双师制教育模式，即每个班级配备一名具有学术背景的教师和一名具有工业背景的教师，共同参与教学过程，提供理论与实践相结合的课程。

通过这些措施，学校不仅能提供更有实践基础的教学，还能创造一个更加动态的学习环境，激发学生的学习动力，最终提高教学质量，更全面地满足情景教学模式下的师资需求。

（三）灵活的课程设计：注重理论与实践的平衡，制定灵活课程

为了解决中职汽修情景教学模式中存在的实施难度问题，尤其是课程安排与实施过程协调的挑战，灵活的课程设计策略至关重要。此策略要求教育机构在课程设计时兼顾理论与实践，确保两者得到均衡发展，并制订出既可变通又具有适应性的课程计划。

灵活课程设计应包含可根据学生学习进度和反馈调整的机制。具体操作可通过模块化教学内容，允许学生根据自身兴趣和职业目标选择学习路径。此外，设计阶段性的课程目标，让教学内容能有序渐进，既能保障理论知识的系统性学习，又能给予学生充足的实践操作机会。

课程设计时还要考虑到不同学生的学习风格和节奏，为此，可以引入混合式学习模式，结合面授课程和在线教学资源，提供个性化学习体验。在线平台可以用来辅助课堂教学，提供理论知识讲解、视频教程、虚拟模拟操作等内容，以支持学生在非正式教学时间进行自我学习和练习。进一步地，课程设计应当允许教师根据学生的学习效果和市场变化灵活调整教学内容，例如，将最新的行业发展趋势、新出现的技术难题融入课程，增强教学的时效性和相关性。

灵活性不仅体现在课程内容和教学方法上，也应体现在评估和反馈系统上，确保能收集到学生的学习反馈，并及时作出调整。通过设计灵活多变的课程，可以有效应对技术演变迅速的汽修行业教学需求，提高学生适应市场的能力，并为教育机构创造出更加长远可持续的教学模式。

（四）建立多元评价体系：创新评价方式，关注过程与结果

为改善中职汽修情景教学模式中存在的评价体系不完善的问题，必须着手建立一个多元化的评价体系，该体系需能够全面反映学生在教学过程中的表现和学习成果。这样的评价体系将不再单一地依赖传统的笔试成绩，而是将创新性地引入形成性评价方法，以多维度地关注学生的学习过程和技能掌握情况。

多元化评价策略应涵盖学生的实际操作能力、理论知识掌握、团队合作精神、问题解决技巧以及职业态度等各个方面。为达到这一目标，学校可以在日常教学

中运用诸如同行评审、自我评价以及教师的持续观察和记录等方式来评估学生的表现，确保评价不仅仅是通过终结性考试来完成。

在操作技能的评价中，可引入实操测试和项目式学习的成果展示，通过学生完成的实际维修案例来判定他们的技能应用水平。理论知识评价可以通过定期的短测验、案例分析和讨论来进行，加强对学生理解力和应用能力的检测。

团队合作和问题解决能力的评价，则需要在小组项目中进行观察和记录，以及通过项目结果来反映。职业态度的评估则需要侧重于学生的日常表现，如出勤率、积极性、责任心和对待工作的专业性等方面。

此外，与第三方教育或行业机构合作以引入外部评价，也是拓宽评价视角的一个重要途径。这不仅可以提升学生评价的客观性，还能为学校提供与行业标准对齐的反馈。通过创新的评价方式和全面地关注评价过程与结果，可以更好地激励学生的全面发展，不断提升教育质量，使评价体系更加科学、合理，真正反映情景教学模式下学生的综合能力和发展水平。

（五）情景与理论并重：不断优化教学内容，强化理论基础建设

在回应中职汽修情景教学模式中过度依赖特定场景而或许会忽视理论知识系统性学习的不足时，采取情景与理论并重的策略至关重要。这涉及不断优化教学内容及方法，以促进学生对理论与实践知识的均衡掌握。教学内容的优化需要保证理论学习的深度与实践技能训练的密切结合。教育者应精心设计课程，让理论学习与实践应用相互穿插，相互促进。例如，可以在技能训练前后安排理论课，使学生在操作之前理解相关知识，操作后能够反思并巩固学习内容。

在强化教育机构理论基础建设的同时，教学方法也应当创新，例如采用案例教学法，将抽象的理论知识与真实的案例分析相结合，让学生在掌握知识的同时理解其应用环境和实际作用。此外，委派学生进行课程项目，要求他们综合运用理论知识和技能来解决实际问题，通过这种方式提高他们的综合分析和解决问题的能力。另外，还可以使用现代技术辅助教学，比如虚拟现实（VR）或增强现实（AR）技术，创造沉浸式的学习体验，让学生在虚拟环境中学习理论并进行模拟操作，从而加深对知识的理解。

｜第七章｜
中职汽修基于案例的翻转课堂教学模式

　　翻转课堂教学模式在中职汽车运用与维修课程中的应用可以提供良好的学习环境，促进学生的主动学习和思维发展，增强师生之间的互动和交流，提高学习效果。然而，教师在使用翻转课堂模式时，也需要注意教学资源的质量和学生学习进度的跟踪，确保学生能够真正受益于这种教学模式。

第一节　基于案例的翻转课堂教学模式的概念界定

　　通过翻转课堂教学模式，教师能够更好地了解学生的学习情况，针对性地进行指导，加强学生的掌握和记忆，提高学生对学习的兴趣和动力，稳定教学的质量。然而，教师在使用翻转课堂教学模式时也需要关注学生学习的进度和理解情况，并及时进行反馈和指导，以确保学生能够真正受益于这种教学模式。

一、翻转课堂的教学理念和起源

　　在中职汽修教学模式中，基于案例的翻转课堂教学模式正逐渐受到广泛关注，其标志着传统教学方法的创新转型。要深入探讨翻转课堂的教学理念及其起源，首先需要确立其在现代教育框架中的定位。

　　翻转课堂教学理念是以学生为中心的教育思想的具体体现，其核心在于调换传统教育模式中课内外活动的顺序。具体而言，翻转课堂要求学生在正式进入课堂之前，通过观看视频讲座、阅读教学材料或其他方式完成知识的初步学习。课堂时间因而得以释放，转而用于讨论、实践操作或深度解决问题，这样既提升了学生的主动学习能力，也优化了教师的指导效率。翻转课堂的这种范式变革，更加适应了个性化学习和技能教育的发展需求。

这种理念的起源可以追溯到20世纪末，信息技术的迅速发展为课外自学提供了丰富资源和平台。但直至21世纪初，随着社交媒体和网络视频教育内容的兴起，翻转课堂的概念才被更广泛地接受和推广。教育者们认识到，通过利用课外时间进行知识吸收，可以在课堂上开展更加深入的思考和互动式学习，从而推动了这一理念的流行和实践。

在中职汽修专业教学中，翻转课堂能够显著提升学生对专业知识的掌握和运用能力。通过预先学习理论知识，学生可以在课堂上更好地参与到案例分析和技能实训中，这种情景化教学在汽修教育中尤为重要，因为它能够加强学生对真实工作环境的认知和适应。如此一来，翻转课堂不仅仅是一种新的教学模式，更是一次教育质量的革新。

二、案例教学法在翻转课堂中的角色

中职汽修的教育实践中，案例教学法发挥着核心作用，特别是在基于案例的翻转课堂教学模式里，它的重要性更是不言而喻。案例教学法的运用，不仅丰富了翻转课堂的教学内容，也提升了教学效果。

案例教学法作为一种通过具体的、实际的问题情境来指导学生学习的手段，它能够切实地将理论知识与职业实践紧密结合。在翻转课堂模式中，学生在课外已经完成了理论知识的自学。而课堂上，通过具体案例的分析和讨论，学生能够将课外学到的知识应用于解决实际问题，这种应用过程有助于学生深化理解并提升其解决复杂、实际问题的能力。其次，案例教学法能有效激发学生的学习兴趣和参与度。中职汽修学生通常对枯燥的理论知识感到乏味，但是当他们面对的是真实世界中的案例时，则容易产生共鸣，因为这些案例往往与他们未来的职业生活息息相关。学生在剖析和解决案例问题的过程中，能够主动寻求知识，加强学习动力。再者，案例教学法有利于培养学生的批判性思维和决策能力。教师引入的案例往往没有固定的答案，学生需要综合运用所学知识，从多角度分析问题，探索多种可能的解决方案。这种教学模式鼓励学生深入思考、积极质疑，最终形成独立判断，这对于学生的综合素质提升至关重要。最后，案例教学法在翻转课堂中充当着桥梁的作用，连接理论与实践。透过与案例相关的实操演练，学生可以在教师的指导下，将理论知识转化为实际技能。这种教学法可以提高学生的操作技能和问题解决能力，进而增强其职业能力，为日后的职场生涯打下坚实的基础。

三、教与学的转变：传统课堂与翻转课堂的对比

对于中职汽修教学而言，教与学的转变是翻转课堂带来的重要创新之一。在探究传统课堂与翻转课堂的差异时，我们着眼于教学角色、学习过程以及知识掌握的深度和质量的变革。

在传统课堂模式中，教师是知识的传授者和课堂的主导者。学生通常扮演被动接受者的角色，教师则通过讲授和指导来填充学生的知识空白。这种模式的局限性在于，它很大程度上依赖于教师的教学水平和课堂管理能力，而学生的主动性和创造性则常常被边缘化。

翻转课堂则提倡将教师的角色由"知识传授者"转变为"学习引导者"。学生在课前通过观看视频、阅读教材等方式独立完成知识点的学习，而在课堂上，教师通过设计互动环节、实施案例讨论等方式促进学生深度学习。这样的转变使得教学更加强调学习者的主体性，教师的任务是创造条件，让学生可以在课堂上通过对案例的深入分析和讨论来实践和巩固学到的知识。

学习过程中的这种转变也代表着对知识的掌握方式出现了变革。传统课堂中学生对知识的掌握常常是表层的记忆，并且知识点很快会被遗忘。而翻转课堂强调的是通过应用来理解和记忆。在这种模式中，学生在面对实际问题时，需要主动运用和拓展理论知识，而不是简单地重复书本上的概念。这种基于理解的学习方式有助于知识的长期记忆和深度认知，同时也更有利于技能的迁移与应用。

第二节　基于案例的翻转课堂模式的构建原则

在翻转课堂中，教师的角色发生了一定的转变。他们需要明确教学目标，制作合理的教案，并创建教学视频等学习资源，以引导学生自行进行预习和学习。通过线上学习平台，教师可以了解学生的学习情况，发现学生可能遇到的问题，并有针对性地为他们提供指导。

一、学生自主性原则

（一）激发学生自主学习的动机和策略

在中职汽修教学中，基于案例的翻转课堂模式所倡导的学生自主性原则，其首要任务是激发学生自主学习的动机与策略。这一点针对的是学生学习行为的内在驱动力，即让学习成为学生的需求而非被动的任务。

激发学生自主学习的动机需从学生的兴趣和需求出发，设计贴近学生生活实际和未来职业发展的教学案例。例如，选取汽修行业中实际发生的典型维修案例，让学生在解决问题的过程中感受到学习的意义和价值，从而点燃他们学习的热情。

同时，老师应根据学生的学习特点和差异，提供不同层次的学习资源和任务，允许学生根据自己的能力和兴趣自由选择学习内容。这样的差异化教学不仅能够适应不同学生的需求，还能鼓励学生在舒适区之外寻求挑战，促进他们的全面发展。

教师需要教授学生有效的学习策略，并在课堂上提供策略运用的示范和引导。这包括如何进行资料搜集、信息分析、知识整合等方法，带领学生掌握自主获取知识和解决问题的能力。

对于学生自主学习的成果，教师应当通过正向反馈和建设性指导来及时给予支持和肯定，以此巩固学生的自信心，进一步增强学生的学习动机。例如，通过对学生汽修案例分析的精准反馈，加强其对专业知识理解的正确认识，增强他们继续深入学习的信心。

建立一个积极的学习氛围和社群，让学生能在群体中相互激励和学习，形成正向的学习竞争和帮助机制。教师可以建立学习小组，促使学生在合作中学习，分享成功经验及学习策略，从而实现个体与集体双向发展。比如，教师在进行离合器的课程教学时，使用该教学模式，促使学生掌握离合器的构造组成和工作原理，并学会正确的拆解，使用多媒体技术进行展示教学，通过此方式，使学生了解离合器的作用、结构、类型、原理、状态和装配等方面。教师创设问题情境，向学生提出问题，并引导学生进行思考，为学生提供充足的思考时间和实践空间，培养学生的思维能力，针对学生的掌握不足的地方，应展开对应练习活动，帮助学生加深记忆。教师要转变自身的教学理念，指导学生进行自主学习，通过开展拓展探究活动，促使学生形成良好的思维体系，提高教学模式的有效性。在此过程中，教师应利用信息技术，收集更多的汽车专业知识的教学资源，从而提高学生的学习兴趣，保证学生的学习质量。教师应为学生展示课程内容的相关图像、文字、视频和声音等，为学生提供良好的学习体验，以此来提高学生的应用能力。

（二）建立学生自我管理的学习环境

为实现学生自我管理学习环境的建立，教育者必须从物理和心理两个维度进行深入考量。物理环境方面，学校和教师需要创造一个适合自主学习的环境，其中包括配备必要的学习资源和技术工具。例如，中职汽修专业的教室应配备模拟维修工作站和计算机诊断设备，以方便学生进行自主操作与实践。

在心理环境方面，教育者需营造一种鼓励探究、尊重个体差异的学习氛围。这种氛围能够让学生在不受外界负面压力的环境中，根据个人的兴趣和进度自我设定学习目标，管理自己的学习计划。教师的角色转变为辅导者和协助者，通过设置明确的学习目标、提供及时的指导和反馈，帮助学生形成自主学习的习惯与技能。

为了支持学生的自我管理能力，课程设计应允许学生拥有选择权和决策权。课程内容可以提供不同难度的选择题和自定进度的任务，使学生能够根据自己的学习能力进行调整和选择，充分行使自主权。

除了根据学生的需要提供个性化的学习路径，建立自我管理学习环境还应该包括对学习结果和过程的自我反思机制。例如，开放式日志、学习档案和同伴评价等形式，能够使学生对自己的学习行为有更深入的认识，并进行自我监督和调整。

（三）设计促进学生自主性的课堂活动

在基于案例的翻转课堂教学模式中，促进学生自主性的一个关键环节便是设计能增强此能力的课堂活动。当活动设计得当，能切实提升学生的参与度、动手能力与决策水平，这是教学成效转化为学生能力的必经之路。

首先，教师需巧妙设计刺激思维的课堂问题和挑战，鼓励学生发挥主观能动性，主动去探索、思考并解决问题。这些活动可围绕汽修实际案例展开，如引导学生通过团队合作分析一次复杂的车辆故障诊断过程，培养他们独立思考和协同工作的能力。

其次，活动设计须包含有助于学生自我发现和自我改进的元素，比如进行角色扮演或模拟经营活动，让学生在模拟的工作环境中扮演技师、顾问或客户服务人员等角色，实践与未来职业相关的技能，同时增强他们的职业意识及职责感。

进一步地，课堂活动应设计成能促进评估和自省的形式。例如，开展小组讨论后，引导学生进行自我反思，分享学习经历、遇到的挑战和解决问题的方法，从而深化学习成果并从同伴中得到启发。除此之外，教师能通过个性化的课堂活动满足学生不同的学习风格和速度，比如提供可选择的项目任务和灵活的完成时间表，让学生在活动中自主规划时间，并根据自己的实际情况调整学习进度。

最后，确保课堂活动的设计能够持续跟踪学生的学习进展，并针对不同的学习结果提供反馈。借助形成性评价，教师可以实时监测学生的学习状态和问题，针对性地提供教学干预，帮助学生在发现问题时能够及时调整，这样的反馈循环对于加强学生的自主学习能力至关重要。

（四）强化学生个体与群体的互动合作

在落实中职汽修翻转课堂教学模式的过程中，学生自主性原则不断深化，其中个体与群体间的互动合作显得尤为重要。这种互动合作贯穿学生的个体学习过程和团队协作实践，对于促进学生综合能力的提升具有非凡意义。互动合作的强化，要求教师在课堂设计上深入挖掘并实施有效的协作学习策略。这涉及教师搭建适宜的平台与情境，使学生在分析汽修案例时能够相互讨论、交流心得，倡导学生在集体智慧的激发下共同解决问题。举例来说，可通过团队协作完成一次发动机拆装，既锻炼了学生的动手能力，又增进了彼此间的沟通。通过此类活动，团体成员能在互补技能和知识的过程中学习合作之道。

同时，这种互动合作不仅局限于学生之间，还应当拓展到教师和学生之间的互动。教师作为指导者，也是团队中的组成部分，他们通过实时的指导和反馈，帮助学生识别问题并给予解决方案的建议。这样，教师与学生的沟通将成为互动合作学习的重要一环，为学生的专业成长提供坚实支撑。在技术应用方面，利用现代信息技术手段，如在线协作平台，可以有效地促进学生之间以及师生之间的交流和协作。在线工具为学生提供了更多样化的协作方式，如实时讨论、文件共享和远程协作等，充分发挥了技术优势，增强了学生个体与群体互动合作的可能性和实效。此外，教师应当对协作过程中的学生表现进行有效的监测和评价。这种评价不仅涉及学生技术技能方面的表现，更重要的是考察他们在团队合作中的沟通能力、责任意识和团队精神。通过这些评价，学生能够获得立体化的反馈，促使他们在个人与团队角色中不断调整和提升。

强化学生个体与群体的互动合作在中职汽修翻转课堂范式中扮演着不可或缺的角色。这不只是提升学生专业能力的途径，更是培养其终身学习能力和团队协作精神的重要手段。教育者需要通过多元化的教学设计和评价体系，持续深化这一教学原则，推动中职汽修教育的进步与创新。

（五）评估和反馈：巩固学生自主性的成效

在中职汽修翻转课堂教学模式中，评估与反馈机制作为巩固学生自主性的关键手段，必须得到充分重视和精心设计。它不单用于衡量学生的学习成果，更是提高学习效果和持续激发学生自主性的重要环节。评估体系应当以学生为中心，关注学生在自主学习中的进步和问题。为此，可以采用多元化的评估方法，诸如同伴评价、自我评价、项目式评估和实际操作考核等，这些方法有助于全方位地调查学生的学习情况，不仅关注最终结果，更注重学习过程及策略的运用。

评估的另一重要方面是及时有效的反馈。这包括教师对学生工作的反馈，以及学生对自己学习过程的反省。教师在给予反馈时需具体、建设性，能够针对每个学生的表现和需要提供个性化指导。反馈应当鼓励学生挖掘自身潜能，明确学习目标，使其能够在未来的学习中更好地自主导向。同时，评估与反馈机制在巩固学生自主性的成效时，还应当注重正向激励。对于学生在自主学习和协作中取得的进步给予正面认可，可以显著提升学生的内在动机。这种认可不仅限于学术成绩，也应包括学习态度、参与度和创新思维等非智力因素。

此外，系统性的评估与反馈流程能够使学生对自己的学习路径和进步有更清晰的认识。教师可以通过定期的课程回顾和进度评估，为学生提供一个梳理学习经历和规划未来步骤的机会。这种定期的自我检查和教师引导有助于学生发现并修正自学中的误区，优化学习策略。

二、案例针对性原则

（一）跟踪行业发展，保持案例的时效性和针对性

中职汽修专业在教学实践中注重案例的选择与使用，要求案例内容既具时效性也需具针对性。案例针对性原则下的"跟踪行业发展，保持案例的时效性和针对性"这一要点，对于这一专业的教育模式至关重要。它要求教师深入理解汽修行业的最新动态，并将这些动态转化为教学内容，以确保学生能学到与实际工作密切相关的知识和技能。

跟踪行业发展意味着教师和教育机构需定期收集和分析汽修行业的最新资讯、技术革新、市场需求及政策法规等信息。这种持续的监测不仅包括对汽车制造和维修技术的变革，也涉及服务模式、环保标准、消费者需求等领域的变化，确保所选的教学案例反映出行业的最新趋势和问题。

保持案例的时效性要求教材中引用的案例要与当前技术和市场情况相符合。例如，如果市场上普遍采用某种新的诊断技术，那么教学案例就应当包含这种技术的应用，让学生理解并掌握相关的操作方法。同样，如果行业实践中出现了新的维修工艺或管理模式，教学案例也应当及时反映这些变化，帮助学生预见并适应行业发展。

确保案例的针对性，则是指挑选的案例要直接贴合课程目标和学生的未来职业需求。这不仅促进了学生知识技能的集成应用，而且加深了他们对未来工作的理解和准备。比如，案例的挑选要充分考虑学生将来在汽车维修行业中可能遇到的具体情景和挑战，比如客户服务的案例、故障诊断的案列等，这些都能够更好地培养学生解决实际问题的能力。

案例的更新也是一项重要工作。随着汽修技术的发展与变更，过时的案例需要及时替换，以反映行业的最新实践标准。这就要求教师维持与行业专家的联系，参加专业研讨会，订阅行业期刊等手段来获取最新信息，从而不断充实和更新教学案例库。

（二）案例与课程目标的对接与一致性

在中职汽修领域中，基于案例的翻转课堂模式的有效实施需贴合案例针对性原则，其中案例与课程目标的对接与一致性是保证教学质量的核心部分。该原则指出，案例教学应与课程的学习目标密切相连，确保每一个案例都能直接促进学生对课程目标的理解和掌握。

确保案例与课程目标的一致性需要教师在案例选择和设计阶段就明确课程所要达成的具体能力培养和知识理解。这意味着教师需要深入分析每个课程单元的目标，并精心挑选或设计能够体现这些目标的案例。这些案例应当能够覆盖所需教授的理论知识，同时提供实践技能的训练机会。例如，若课程目标是让学生掌握汽车发动机故障的诊断与维修技能，那么相应的案例必须涵盖典型发动机故障的现象、分析和解决策略。案例中应包含从基础知识到高级诊断技术的多层面内容，以确保学生能够全方位地、系统性地掌握课程要求的能力。

此外，案例不应只是简单地陈述问题和解决方案，而应该激励学生深入思考问题的根本原因，探索解决问题的多种方法。案例的结构和内容需要设计得既有挑战性，也能够引领学生达到预定的学习目的。在案例与课程目标对接过程中，应注重培养学生的批判性思维能力和终身学习能力。教师不仅要引导学生掌握当前的知识和技能，更要教会他们应对未来可能出现的新问题和挑战的方法。

为确保案例教学的连贯性和实效性，教师需要定期评估案例教学内容的相关性和有效性。这包括课程结束后对学生进行的正式评估，以及通过观察和讨论等方式收集的非正式反馈。这种评估有助于教师及时调整案例内容，确保其与课程目标保持同步，持续匹配学生的学习需求。

（三）从多维度考虑案例的教学适用性

案例针对性原则作为中职汽修翻转课堂构建的关键要素，强调在案例选取时须充分考虑其教学适用性。这涉及维度多样化，包括但不限于案例内容的实际性、可操作性、学生的认知水平以及教学资源的可用性。案例的实际性是指案例是否能够真实反映行业实务和工作环境，它是判断案例教学适用性的首要条件。实际性强的案例能使学生明白学习内容与工作实践的直接关联，提升其学习的积极性和目的性。案例中描述的技术难题、客户沟通、安全规范等，都应反映现实中汽修工作的具体情况。

可操作性则考虑案例是否为学生提供了足够的实践机会，以及是否可以在教学设置中被复现。例如，一个好的案例应当允许学生在课堂或实训室中模拟分析故障、修理车辆，或是进行客户服务演练。案例的设计要有助于学生通过动手操作来加深对专业知识的理解。学生的认知水平是衡量案例是否适合目标学生群体的一个重要因素。案例的难度与深度要与学生的学习基础和能力相匹配，既不能过于简单致使学生无法得到挑战和提升，也不能过于复杂导致学生感到挫败。适当的难度设计可以保持学生的学习兴趣并推动其认知发展。

教学资源的可用性涉及教师在实施案例教学时所能调用的物质与非物质资源，如实训设备、工具、教材、时间、资金等。案例的选取需考虑到这些资源的实际情况，确保教学过程中能有足够的支持，使学生得到充分的学习体验。综合这些维度进行案例教学适用性的考量，教师能够选择或设计出更加贴合中职汽修教学目标和学生实际需求的案例。多维度的考虑有助于提升案例教学的质量，使学生通过案例学习真正达到应用知识和技能于实践的目的，最终提高职业技能水平和解决实际问题的能力。

（四）通过案例展示专业技能要求的实际应用

基于案例的翻转课堂模式在中职汽修教育中强调案例的选择与利用需直接服务于专业技能的学习和应用。案例针对性原则中的一项主要内容是通过案例展示专业技能要求的实际应用，这要求每个案例不仅呈现理论知识，更要体现其在实际工作中的应用价值和方式。

案例应精准对应汽修行业的实际工作需求，展示诊断和解决汽车问题的具体技能和工作流程。这可以通过选择那些涵盖从基础检查到复杂故障排除的案例，使学生在解决实际问题的过程中，能够将课堂学到的理论知识与实践相结合。

案例的开发和分析要集成对应专业技能的演示。例如，一个关于最新汽车电子系统故障诊断的案例，不仅需展现诊断流程，还应深入讲解使用相关诊断工具的操作方法，揭示如何根据读取的故障码进行系统分析。实际应用的展示亦需包括对技能执行标准的阐释，使学生明白在专业实践中对精确度和效率的要求。案例中应具体说明在实操中需遵循的操作规程与安全标准，如更换发动机部件的步骤或进行轮胎动平衡的技巧。

案例讨论和分析的过程中，教师应引导学生思考和讨论多种可能的解决方案，并论证各种方案在实际工作中的可行性和效率。这种思维训练使学生能从更广角度理解和应用专业技能，养成创新思考和问题解决的习惯。通过案例的教学，学生还应学会如何将个别技能综合应用解决复杂问题。一个涉及多系统故障诊断的案例可以促使学生联合运用各项技能，体现专业技能在实际应用中的综合性和系统性。案例的选择要着眼于未来职业发展趋势，确保学生在完成学业后能够迅速适应行业变化。涵盖新兴技术，如混合动力车辆维修、先进驾驶辅助系统（ADAS）校准等领域的案例，能够确保学生毕业后具备当下及未来行业所需的专业能力。

三、过程完整性原则

（一）构建完整的预习—授课—复习教学流程

中职汽修翻转课堂教学模式贯彻过程完整性原则，注重在预习、授课与复习三个环节构建完整的教学流程。这一连续的过程能够确保学生在学习各阶段均能获得必要的支持与引导，同时促使知识与技能得到系统化的加固和拓展。

构建预习阶段的教学流程，首要任务是为学生提供清晰的学习目标与预习资料，如视频讲解、阅读材料或案例研究。预习内容应与即将上课的主题密切相关，并能够引起学生的兴趣与思考，激励他们主动探求知识。此外，预习材料需安排适宜的难度和深度，既要保障学生能够自主学习，又要留下适量的知识空白以待课堂探讨填补。

授课阶段的教学流程需要确保教师与学生的互动充分，通过案例分析、问题讨论、实操演练等形式，帮助学生把预习阶段接触的知识与技能进行整合与实践。授课内容需设计得能够紧密联系实际，同时给予学生充足的机会来提问、思辨与操作。授课过程中，教师的主要角色是启发者和引导者，通过恰当的问题促进学生深入掌握课程要点，调整教学节奏及深度以适配不同学生的需求。

复习阶段的教学流程旨在巩固学生的学习成果，帮助其消化和转化所学知识。在这个阶段，教育者要设计适宜的复习活动，诸如自测题、反思报告、小组讨论等，以系统地回顾和强化教学内容。复习不应仅为重述知识点，而要关注学生思维的深化与学习策略的优化。

值得一提的是，过程完整性原则要求这三个环节形成闭环学习，每个阶段都为下一阶段奠定基础，同时为前一阶段提供反馈。教师需在每个环节末尾收集学生的学习数据，进行分析与评估，并据此调整接下来的教学计划。在实践中，确保预习—授课—复习教学流程的完整性，必须依靠教师的专业判断和敏锐观察，以及灵活多样的教学设计。过程的每一步都要有条不紊地推进，每一个细节都要周到考虑，以实现教学目标和优化教学效果的双重要求。

（二）确保案例学习与技能实训的无缝衔接

中职汽修教育模式中，过程完整性原则强调确保案例学习与技能实训间的无缝衔接，以满足教育工作者和学生对高效、连贯教学过程的需求。实现这一原则的关键，在于创造一个教学环境，其中理论知识的获取与技能操作的练习能够紧密相连，促使学生在理解概念的同时获得实际操作的机会。

为了保证案例学习与技能实训的连贯性，教学案例的设计需紧扣课程中的技术和操作要点。案例不仅要有助于学生理解相关的理论知识，更要为实际操作指明方向，示范具体技能的应用。例如，一个有关发动机过热故障的案例应包括故障的技术分析和实际修理的步骤，这样学生在理论分析后即可进入实训环节，实际检验和应用所学知识。

在教学实践中，教师要精心安排课程流程，使案例讨论自然过渡到技能训练。这可能涉及在案例分析之后，直接在实训室或模拟工作环境中进行操作演练。将课室教学与实训环节设计得环环相扣，使得每一步学习都构建在之前学习的基础上，增强学生的学习连续性和深度。同时，教师应制订明确的学习目标和评价标准，以监控学生从案例学习到技能实训的过渡是否顺畅。通过评估学生在实训中的表现，教师可以即时调整教学策略，提供针对性的指导，确保学生能够准确理解和运用所学技能。此外，教育工作者应鼓励学生进行反思性学习，教会他们如何将案例分析中识别出的关键知识点与实训时的动手体验相联系。反思可以通过写作实训报告或参与讨论课来进行，如此一来，学生可以自行识别理论与实践之间的联系与差异，并积极寻找提高作业质量的方法。

（三）维护案例教学与课堂互动的动态平衡

在中职汽修翻转课堂中实施过程完整性原则，维护案例教学与课堂互动的动态平衡是极其重要的。这一原则要求教师在案例教学过程中恰当地分配理论讲授和学生互动的比重，以确保两者相得益彰，共同推进学生的学习进程。

案例教学并非单向传授，而是需要学生积极参与的过程。教师在介绍案例时，应适时引发学生的兴趣和好奇心，通过提问、讨论等方式激励学生深入思考案例背后的原理和应用。课堂互动不仅帮助学生消化理论知识，更有助于提高他们解决实际问题的能力。案例教学应包含丰富的情境模拟和角色扮演等互动元素，使学生在解决案例中的问题时能够主动运用批判性和创造性思维。教师应当挑选或设计与课程目标紧密相关的案例，让学生在实际情境中模拟应用所学技能，例如模拟客户服务场景，让学生扮演技师和客户双方，增进理论与实务的结合。

为了确保课堂互动的质量，教师需要具备灵活引导的能力，及时调节授课节奏和深度，适应不同学生的反应和学习风格。在案例讨论过程中，适时的引导可以帮助学生从不同角度分析问题，从而培养多角度思考和问题解决的能力。同时，教师要通过观察学生在各种互动环节中的参与情况，评估他们的学习态度、合作精神及技能掌握程度。适时的正面反馈和建设性建议能够鼓励学生进一步投入互动学习，也有助于教师调整教学方法，优化课堂管理策略。维护案例教学与课堂互动的动态平衡，要求教学环节能够灵活转换，形成一种互动和知识共建的学习氛围。通过这种动态的教学方式，学生能在参与感和实践中不断提高，从而使案例教学发挥最大的教育效用。

（四）实现教学内容与教学资源的动态更新

要落实过程完整性原则中的教学内容与教学资源的动态更新，首先需要建立一个持续的行业趋势跟踪系统，确保教师及时了解行业内的最新技术、工具以及维修方法等。这可通过定期参加行业研讨会、订阅专业期刊、与企业建立紧密的联系等多种渠道完成。此外，教师应定期评审现有的教材和案例库，以确定是否反映当前的技术标准和实践要求。在识别到滞后或过时的内容时，应迅速进行修订或替换，引入新的案例和素材，确保教学内容符合最新行业要求。这样的更新不仅是理论知识的更迭，更包含实训设备和工具的升级换代。

在教学资源上，应考虑现代信息技术的利用，比如通过在线学习平台提供互动教学视频、模拟软件和虚拟实训等，使学生能够在非实体条件下也能体验最前沿的技术和操作。这些数字资源的更新应与实体资源同步进行，以确保学习工具的现代性和有效性。动态更新亦意味着要考量学生的学习反馈，将其作为教学改进的参考。通过调查问卷、学习分析数据等手段，教师可以获取学生对教学内容和资源的反馈信息，据此进行教学调整，提高教育的个性化和针对性。

第三节　基于案例的翻转课堂模式的实施效果分析

在现代教育背景下，翻转课堂模式在中职汽修教育中的构建，是充分发挥学生学习主观能动性，提高学生自主学习能力、促进中职教育改革的关键。那么，作为中职汽修教师，如何巧妙地构建翻转课堂模式，全面提高课堂教学效果呢？

一、调动学生学习主动性

（一）学生参与度提升的表现及其对学习成效的影响

在中职汽修专业的教育过程中，案例翻转课堂模式对于调动学生学习主动性起着关键作用。显著的特征在于学生参与度的显著提升，这不仅表现在学生更为主动的课前预习和积极参加课堂讨论上，也体现在他们自发进行知识探索和技能究炼上。

参与度提升的具体表现首先是在课前预习环节，学生能够自主完成对案例材料的学习，进而在课堂上提出质疑或与同学及教师进行深入讨论。这种主动参与带来的是学生对学习内容的深层理解，能够有效促进课堂教学的深入展开。在互动讨论环节，学生更加主动地分享观点，参与群体思维的碰撞，这样的互动不仅推动了学生批判性思维的发展，而且加深了他们对专业技能的理解与把控。学生通过这种互动学习，更容易将抽象的理论知识转化为具体的技能操作。

学生学习主动性的提升对学习成效影响深远。学生的积极探索和主动实践有助于他们在实际工作中发现问题、分析问题、解决问题能力的提升。在实训环节，学生能够将案例中学到的知识直接应用于实践，巩固技能并在操作中发现并填补理论知识的空缺，这种立体化的学习方式极大提升了学生的综合职业能力。

（二）自主探究与合作学习在激活学生主动性中的作用

在中职汽修专业的翻转课堂教学实践中，自主探究与合作学习对于激活学生主动性具有不可或缺的作用。自主探究赋予学生独立思考和解决问题的机会，而合作学习则提供了通过团队协作共同克服挑战的平台。自主探究让学生在教师的引导下，自行搜集资料、提出假设、设计实验并验证结论，这一过程加深了学生对汽车维修专业知识的理解。通过自主发现问题、分析问题并寻求解决方案，学生能够培养出针对真实世界技术挑战的思维模式，这一点在汽修行业的实际工作中尤为重要。

合作学习则将学生置于一个小组互助的学习环境中，使学生能够在小组成员的互动中学习交流，共同完成任务。在彼此分享、辩论及协作的过程中，学生不仅学会了聆听和尊重他人的观点，还学会了如何表达自己的想法并与他人协同工作。这种学习方式有效地提升了学生的社交技能和团队合作能力，同时也促进了知识的深入理解和应用。

自主探究提供了个体深入挖掘主题的空间，而合作学习则强化了学生在社会化学习环境中发展情感和认知的机会。这两种学习方式的结合在激活学生主动性方面具有协同效应，一方面培育了学生的独立解决问题能力，另一方面也培养了学生的团队合作精神。

（三）学生学习态度和习惯的良性转变

调动学生学习主动性的重要环节之一，是促成学生学习态度和习惯的良性转变。中职汽修教育领域内，基于案例的翻转课堂模式对于塑造学生积极的学习心态以及形成有效的学习习惯有着至关重要的作用。实施翻转课堂教学时，学生被要求在课堂外投入更多的时间进行预习与自我探索，通过这种方式，学生开始习惯于在正式授课前依靠自身力量来获取新知识。结果不仅是学生对学习内容的熟悉度提高，而且是他们在这个过程中培养起了独立思考的习惯。

案例学习鼓励学生从实际情境出发，主动寻找问题的答案，这种经验使学生认识到学习不仅仅是课堂听讲的被动过程，更是一个动态的、主动探索的过程。他们逐渐建立起主动学习和持续探究的习惯，这种习惯的养成在职业生涯中将显得尤为宝贵。除个体学习外，合作学习在翻转课堂中同样扮演重要角色，学生在小组合作中不仅可以相互交流思想、相互启发，还能在解决实际问题时共同成长。这种合作过程有助于学生在相互尊重和团队协作的环境中成长，同时也促进了学习态度和习惯的改善。

通过持续的翻转课堂实践，学生的学习态度由被动接受转向主动求知，他们开始更加重视学习过程中的每一次努力，而不仅仅是课堂上的表现。学习习惯也由单一的听讲模式，拓展为预习、讨论、实践的综合模式。这些良性的转变，无疑将对学生的长远发展产生深远的影响，有助于他们成为既具专业知识又具有良好学习习惯的汽修行业人才。

二、提高教师综合能力和专业素质

（一）教师角色转变与专业成长路径

在中职汽修专业教学改革中，基于案例的翻转课堂模式在提高教师综合能力和专业素质方面具有深远的意义。其中，教师角色的转变以及在此过程中的专业成长路径是实现有效教学的关键组成部分。传统的教学模式中，教师通常扮演着知识传递者的角色，课堂上以讲授为主。然而，在翻转课堂中，教师角色转变为导师和促进者，更多地引导学生自我探究和互助合作。这种角色的转变要求教师不仅要有扎实的专业知识基础，还要具备指导学生独立思考和解决问题的能力。

为应对这一角色变化，教师需要走上一条以持续学习和能力提升为特征的专业成长路径。这包括不断更新自身的专业知识以跟上汽车行业的快速发展，同时也要学习现代教育理念和教学方法以提高教学有效性。例如，教师需熟练掌握案例教学的设计和实施，能够根据汽修专业的特点和学生的实际需求，挑选和编写符合教学目标的案例。此外，教师还要学会使用信息技术工具辅助教学，比如创建在线讨论论坛、使用多媒体教学资源，以及开展虚拟现实等技术支持的交互式学习。

除了教学能力的提升，教师还需要在教师个人成长的同时关注到学生的成长，了解学生的学习背景和需求，建立良好的师生沟通渠道，这有助于创建更具包容性和适应性的教学环境。教师承担的这一新角色和成长路径，还意味着需要教育机构的积极支持，如提供专业发展培训、鼓励参与教育研究、以及建立同行互助网络等，这些都有利于教师的职业发展和教学质量的提升。

（二）构建有效的教师培训与发展机制

中职汽修专业背景下，教师的综合能力和专业素质直接影响教学质量和学生技能的形成。因此，构建有效的教师培训与发展机制是提高教学效果的重要策略。这样的机制旨在通过定期培训、持续教育和职业发展规划等手段来实现。有效的教师培训机制应覆盖教学方法的改进、最新技术的掌握以及教育理念的更新等多个层面。具体实施时，机构可以组织研讨会、工作坊和在线课程等不同形式的培训活动。这些活动不但为教师提供了学习新技术和教学策略的机会，还能够促进教师间的经验交流和思想碰撞。

在技术培训方面，随着汽车工业技术的不断进步，教师必须掌握前沿技术，如新一代电动车、混合动力车技术等。培训机制应包含定期的技术更新课程，提供实践操作和理论学习相结合的培训内容。教师发展机制亦应关注个体差异，对于初级、中级和高级教师应设计不同层次的发展路径。举例而言，对于新入职的教师，培训重点可能在于教学基础技能和课堂管理；而对于资深教师，则更多着眼于教学创新和学术研究的能力提升。此外，教师的专业成长不应局限于课堂教学，还应包含参与行业实务工作的机会。与在职企业技师的定期交流、参与企业项目或实习，能够增强教师对行业实践的认识，这对教师回归课堂、指导学生进行更加符合行业需求的教学极其有益。

（三）专业素养提升在教学质量中的核心作用

中职汽修专业教育中，教师的专业素养直接关系到教学质量的高低，它不仅包括专业知识和技术技能，还涵盖教师的教育理念、教学方法和职业道德。专业素养的提升在提高教学质量中扮演着核心作用，是培养学生成为技术熟练、理论扎实的未来汽修人才的基石。教师的专业知识面必须广泛而深入，与时俱进。他们需要随着汽车工业技术的发展不断更新知识，深化对新工艺、新材料、新设备的理解和应用。此外，教师也需理解业界的最新趋势，以便将课程内容与实际工作需求保持一致，确保教学内容的实用性和前瞻性。

专业技能的熟练程度是教学质量的另一个关键。中职汽修教师的手工操作技能、诊断能力以及解决复杂技术问题的能力，对于在课堂上展示专业操作、指导学生实践非常重要。通过展示高水平的技术操作，教师不仅能够为学生树立正确的操作榜样，还能够激发学生对技术探索的兴趣。教育理念和教学方法的进步同样是专业素养的重要组成部分。现代教育理念强调学生中心、实践导向和终身学习，教师需借此更新教学策略，比如采用翻转课堂、项目式学习等方法，以激发学生的主动学习和深度思考。教师还需了解并运用多样化的评估和反馈工具，以支持学生的个性化发展。职业道德作为教师专业素养的基础，要求教师以身作则，恪守教育公平原则，对待学生必须公正无私，同时注重保护学生隐私。教师的这些行为模范对学生产生潜移默化的影响，有助于培育学生良好的职业道德和工作态度。

三、促进专业案例库的建立

(一)案例库的构建思路与框架设计

在中职汽修教育领域，建立一个系统化的专业案例库是提升教学质量和效率的关键措施。这样的案例库应当包含丰富多样的真实情境案例，以便于学生能够联系实际工作中的问题解决。对于案例库的构建，需有明确的思路和科学的框架设计，以确保其内容的专业性、实用性和系统性。

构建案例库的思路首要是确保案例的实用性和教学目标的对齐。案例应涵盖汽修专业知识的各个方面，既包含日常维修的基本技能，也覆盖高难度的故障诊断和创新技术的应用。此外，每个案例需能够体现出特定的教学目的，提供一种或多种学习目标的实践场景，使学生能够通过解决具体问题来掌握特定的技能或知识。

框架设计上，案例库应当分类组织，便于教师和学生检索和使用。分类可以基于技术类型、车辆部位、维修流程等进行，每个分类中的案例涵盖从基础到高级的不同难度级别。正确的框架设计能够帮助用户快速找到适合其能力水平和学习需求的案例，也便于教师根据教学进程适配教材内容。案例库还应包括详细的案例描述，如背景信息、问题陈述、目标任务以及可能的解决方案。此外，高质量的案例库应配备案例分析工具或模板，帮助学生更加系统地理解和分析案例，提升学习效率。

(二)专业案例库在教学中的应用与管理

专业案例库的应用与管理是确保教学效果的关键环节。案例库通过提供真实世界的问题情境，能够极大地促进学生的实际操作技能和问题解决能力的培养。

案例库在教学中的应用首先体现在案例教学环节。每个案例都应该精心设计，以确保学生能够通过分析和解决案例中的问题来掌握核心概念和技能。教师在教学过程中可以根据课程的具体目标，从案例库中选取与学习目的相契合的案例，将其融入讲解、讨论、实操演练等教学活动。

管理案例库是另一个至关重要的方面，需要定期进行案例的更新与维护。由于汽车技术的快速发展，案例库需要不断地反映新技术、新故障以及市场上新出现的车型等变化。管理工作包括但不限于修订过时的案例、添加新的案例、对现有案例进行质量评估及调整等。此外，案例库管理还应包含维护案例的教学价值和确保信息准确无误的责任。这不仅要求管理人员具备专业背景，还需要他们定期与行业专家进行沟通，以保证案例内容的专业性与时效性。

（三）跨学科案例整合的意义与方法

跨学科案例整合的意义在于它打破了传统教学中学科间的隔阂，使学生能够从更广阔的视角理解汽车维修工作的复杂性和综合性。例如，一个跨学监理的维修案例很可能不仅包含机械工程知识，还涉及到电子工程、化学以及客户服务等多个领域。通过这种整合，学生能够理解在现实工作中，如何将不同领域的知识应用于解决问题。

实施跨学科案例整合的方法，首先是案例的选择和设计必须考虑到多学科的连接点。案例构建者需与各学科的专家合作，共同开发涵盖了多学科元素的维修情境，确保案例在促进跨学科知识融合的同时，也符合汽修专业的实际需求；此外，教学时对于案例的展开也应强调其跨学科的属性。教师可以指导学生识别和探讨案例中的不同学科元素，鼓励学生通过小组合作或研讨的方式，进行跨专业领域的知识交流与学习；案例库的管理系统也须支持跨学科案例的整合。在案例库中设置特定标签、分类或搜索功能，可以帮助用户快速定位到具有跨学科特征的案例，促进资源的分享和运用。

（四）案例库更新与维护的常规流程

专业案例库的更新与维护是确保教学资源与实践紧密相连的持续过程。在中职汽修专业教学中，案例库必须反映技术的最新动态，因此，研发出一套科学的更新与维护流程至关重要。

首要步骤是确立更新频率。案例库的更新工作应根据汽车行业的发展变化和教学需求进行周期性的评估。通常，每学期至少进行一次全面的审核，将过时的内容替换或淘汰，引入最新的案例。此外，在逢有行业内重大技术创新或典型故障案例出现时，也应及时加入案例库。其次，构建专家团队进行案例审核。这个团队应包括经验丰富的教师、行业实践者以及相关领域的研究人员。他们共同协作，对现有案例进行定期评估，确保内容的准确性和教学价值，并提出更新建议；接着，建立标准化的案例评价指标。这一指标应涵盖案例的实用性、教学相关性、准确性、以及对学生学习效果的促进程度等方面，为案例的评估和筛选提供客观的评价基础。在更新案例内容时，还需要有一套结构化的内容开发流程。这包括案例的初步设计、教学目标的明确、解决方案和教学指导的撰写，以及最终的审批发布。每个环节都应有明确的负责人并形成文档记录。最后，保持案例库系统的技术支持状态。利用信息技术手段，比如数据库管理系统，定期进行技术检查和功能更新，保障用户可以方便、高效地访问和使用案例库。

│第八章│
基于过程导向思维的任务驱动模式

　　基于过程导向的任务驱动教学模式能够激发学生的学习兴趣，使其成为教学活动的主体。学生通过参与具体任务的解决过程，不仅能够培养自主学习能力、解决问题能力和创新能力，还能够更好地将理论知识与实践相结合，提升教学效果。这种教学模式能够调动学生的学习积极性，使他们更主动地参与学习，同时也为他们提供了更贴近实际需求的学习经验。

第一节　过程导向教学模式的思路构建

　　任务驱动教学法指在教学过程中，以富有趣味性、能够激发学生学习动机与好奇心的情景为基础，以与教学内容紧密结合的任务为载体，使学习者在完成特定任务的过程中获得知识与技能的一种教学法。

　　基于行动导向的任务驱动教学模式则是以行动导向驱动为主要形式，在教学过程中充分发挥学生的主体作用和教师的主导作用，注重对学生分析问题，解决问题能力的培养，从完成某一阶段的任务着手，通过引导学生不断完成任务，从而学习新知识，实现教学目标。基于行动导向的任务驱动教学模式，要求教师在教学中把大任务分解成小任务。教师要分层次地给学生下达任务，从而控制学生学习的节奏，把握学生学习的进度，起到行动导向的作用。教师应在实际的课堂教学中，根据学生的实际情况，分配不同层次的学习任务，作为行动导向，引领不同学习程度的学生都能够顺利完成，让大家都能尝到成功的喜悦，最终获取相应的知识与能力。

一、深化过程导向教学思维的理论框架

在中等职业教育领域，特别是汽修教育层面，过程导向教学模式被赋予了极其重要的意义。其不仅仅关乎教学活动的组织与实施，更涉及学习结果的质量与效率。深化过程导向教学思维的理论框架，是构建这一教学模式的关键环节。

首先，需要说明的是过程导向教学思维的核心要素：学生的学习过程与工作过程的紧密结合，这意味着教学策略、教学内容，乃至教学评估都需贴近工作实践，切实反映汽修行业的实际需求和操作规范。因此，理论框架的搭建，必须与行业标准及职业素养紧密连接，将学生课堂上的学习直接对接到未来的职场实践。而在深化理论框架时，教育者需要系统性地分析汽修领域的知识结构，工作过程中需求的技能种类和层次，以及相关职业道德的要求。在这个基础上，形成包含知识、能力、情感态度三个维度的整体性教育目标。其次，重点应放在设计出一套既科学又灵活的教学方法论。即依据学生的先验知识和认知特点，以及汽修专业实践的复杂性，提出符合逻辑推演和经验归纳的教学过程设计。教学模式要能够引领学生通过解决实际问题，逐步构建起系统的专业知识体系，并在此基础上发展出解决问题的能力和合作精神。最后，理论框架的深化还要求对教学过程中出现的问题进行持续的反思和改进。这需要建立一套包括师生反馈、教学观察、效果评估在内的多元化监控机制，及时捕捉教学中的不足，制定针对性的调整措施，从而实现教学方法论的持继更新和完善。

二、制定过程导向教学策略的基本要素

制定过程导向教学策略的基本要素，是确保教学行动与教育目标一致性的关键。它要求教育工作者理解并将一系列教学原则融入教学设计与实施，从而支撑学生能够在汽修专业教育中获得职业核心能力的全面发展。

确定过程导向教学策略的基本要素需从"任务驱动"出发，首先，教学任

务不仅仅要与专业实践相符，更要能够激发学生自我探索和问题解决的积极性。任务设计应充分考虑工作实际，如故障排查、维修流程等，使学生能在完成任务的过程中体验和反思工作过程。其次，鉴于过程导向的特征，学生的个体差异和学习需求的多样性不可忽视。策略制定中须注意学生差异化指导的原则，通过灵活多样的教学手段，如个别指导、小组合作等方式，调整教学速度和难度，以适应不同学生的发展水平和学习风格。最后，过程导向教学强调"以学生为中心"，学习活动的设计应让学生处于主动地位。基本要素之一就是为学生创造充分的操作机会和实践场景，通过模拟工作环境、实际操作练习等方式，让学生在实践中掌握知识和技能，促进其批判性思维和创造性思维的发展。

教学策略需纳入反思与自我评价的环节。这不仅能帮助学生从错误中学习，更是促使他们能持续进行自我进步的动力。结合汽修专业的特点，教师可以引导学生记录学习经过，定期进行自我评价和同伴评价，以实现对学习成果的深入反思。动态调整和灵活应变是制定过程导向教学策略时不可忽视的要素。汽修专业技术更新迅速，教学内容和方法也应与时俱进。这要求教师在教学过程中能根据学生的反馈、教学效果和行业发展趋势，适时调整教学策略，确保教学活动的实时性和实效性。

三、优化教学过程的核心环节

在中职汽修教育中实施过程导向教学模式，要着手优化教学的核心环节，保证教学活动富有成效并能够针对性地培养学生的职业技能。优化的重心应聚焦于教学活动的准备、执行和评估三个主要阶段。

教学准备阶段，应当首要确立以学习者为中心的课程目标。课程目标应与汽修行业的实际需求紧密对接，明确技能掌握的标准与水平。教师需依据这些目标，设计出反映工作实际的学习任务，确保学生能够在模拟的或真实的工作情境中进行学习。此外，资源的准备同样不可忽视。这包括教学材料的精心选择和教学工具的现代化，以及为建立真实的工作环境所必需的设备和材料。

在教学执行阶段，关键在于如何激发学生主体性。过程导向的教学过程中，学生应成为学习的主人，自主探究，积极实践。教师则转变为指导者和促进者的角色，他们不仅提供必要的专业指导，还需灵活运用各种教学方法，如案例分析、小组讨论、角色扮演等，使教学与实际工作环境无缝对接。同时，教师应关注学习过程并及时进行形成性评价，引导学生在实践中自我发现和自我改正。

教学评估阶段是优化过程的不可或缺的一部分。评估应侧重于整个学习过程及其成果，而非仅仅关注结果。它应包括对学生的技能掌握、知识理解、工作态度、队伍合作等方面的全面评价。立足于促进学习的评估形式，如同行评审、自评与师评相结合等，可以更好地促进学生对自身学习过程和结果的深入理解。除了对学生进行评估，教学自评也同等重要，教师需反思教学实践，从而持续改进课程设计和教学方法。

四、结合教学实际的过程导向模式应用

过程导向教学模式的应用旨在将理论与实践紧密结合，针对教学实际情况做出合理安排和调整。在中职汽修教育中，应用此模式需要精心设计，使其与行业实际紧密相联，充分体现教与学的互动性和实践性。

要将课程内容与汽修行业工作过程结合起来，教师需通过行业调研，紧跟最新的汽车维修技术和工艺流程，以确保课程内容不脱离职场的最新发展。再将这些信息反馈到教学设计中，构建起与实际工作环境相模拟的教学场景，从而使学生通过进行真实情境下的学习任务来掌握所需技能。紧接着，实践操作环节的强化不容忽视。这包括提供标准化的实操平台，以及师傅带徒弟的传统教学模式，让学生在实际操作中，通过师傅的示范与指导，体验到从业技能的培养过程。此过程中，学生不仅学习技术操作，还包含工作中遵循的安全规程和质量标准。

应用过程导向模式需要培养学生的问题解决能力。通过案例分析、故障诊

断模拟等教学方法，激励学生主动分析问题，寻找解决方案，并对结果进行反思。使学生习得的不仅是技能操作，更是独立解决问题的能力和终身学习的意识。除此之外，有效的师生互动也是过程导向模式成功应用的关键。教师需要根据学生的反馈，调整教学计划和方法，同时也应鼓励学生积极表达自己的想法和疑问，形成互动的学习氛围。在实践中，师生互动可通过项目式任务、小组讨论、互帮互学等形式实现，提高教学活动的参与度和有效性。最后，对于过程导向模式的应用，不断的评估与反馈是必不可少的。教师需结合汽修实践的特点，对学习过程进行有效监控，及时调整教学策略，确保学生能够在不断优化的教学环境中成长。同时，也需要通过定期的职业技能评估来确认学生技能的掌握程度，确保教学质量。

五、对过程导向教学成效的持续监控与优化

在中职汽修教育中，对过程导向教学成效的持续监控与优化是确保教学质量和效果的关键所在。这不仅有助于实时了解教学进度和学生学习状况，更为教学方法和教学策略的改进提供了依据。

持续监控的实质是对学生学习过程中各个阶段的观察和记录，包括学生的学习态度、参与度、任务完成情况以及技能掌握水平。通过设置明确的监控指标和使用有效的监控工具，如学习管理系统、实操表现记录等，教师能够捕捉到细致的学习数据，对教学过程进行全面分析。

教师需要对教学内容和教学方式进行定期回顾，评估它们对学习效果的影响。这种评估应当全面，不仅涵盖知识和技能的获取，也包括学生的批判性思维、问题解决能力和团队协作等核心能力的培养情况。根据评估结果，可以确认教学方法的优点和不足，为接下来的教学调整提供方向。

有效的反馈机制是持续监控的重要环节。教师应与学生建立开放的沟通渠道，鼓励学生对教学活动给出意见和建议。这些反馈可以来自日常的教学互动、匿名问卷调查或是家校沟通。这样的信息回流有助于及时调整教学策略，创造

更有助于学习的教育环境。此外，与行业专家和企业的合作也是监控与优化过程中的重要部分。通过邀请专业人士参与课程设计、教学过程观摩或是学生技能测试，可以让教育过程与行业标准保持同步，确保学习内容的实用性和前沿性。最终，过程导向教学的优化是一个持续的循环过程。每一轮的教学实施和评估都应成为下一轮改进的基础。通过科学的数据分析和理论研究相结合的方法，持续优化教学内容、方法和评估体系，中职汽修教育的过程导向教学才能真正达到教学相长、促进学生全面发展的目的。

第二节　过程导向的教学目标

"任务驱动"教学法指在教学过程中，以富有趣味性、能够激发学生学习动机与好奇心的情景为基础，以与教学内容紧密结合的任务为载体，使学习者在完成特定任务的过程中获得知识与技能的一种教学法。

一、明确过程导向目标与教育理念的一致性

明确工作过程导向目标和教育理念的一致性在中职汽修教育中扮演着举足轻重的角色。这一审视不仅揭示了教育活动的指向，也确保了教学与行业需求的紧密对接。通过将工作过程的实际要求转化为学习目标，教育者能使教学活动在培养学生解决实际问题的能力上取得实效。

工作过程导向的教学目标涉及具体且多方面的能力培养，如技术操作、问题诊断、客户服务等，这些都是汽修职业所必需的。与之形成一致的教育理念，则强调在模拟或实际的工作环境中通过任务完成来学习。教育者须不断追踪工作场景的变化，并结合教学目标的设定，从而制订出与时俱进的教学计划。

在工作过程导向的实践中，教育理念的一致性还要求所有教育活动能够提升学生的职业素养。这意味着在操作技能的教授之外，还应重视对学生职业道德、团队合作精神及终身学习意识的培养。确保目标的多维度不仅促进了学生

作为专业人士的全面成长,也为他们将来在工作中的可持续发展打下基础。此外,教育者必须认识到,明确的教学目标是促进学生主动学习和自我发展的重要推动力。这需要教育者将学生的发展需求和期望纳入教学目标的设定,确保教学活动既能激发学生的学习动力,又能引导他们朝着既定的职业目标稳步前进。

二、识别并设定适用于职业教育的教学目标

在中职汽修教育中,识别并设定适用于职业教育的教学目标是实践导向教学体系中不可或缺的一环。这一过程要求教育者深入理解汽修行业的具体技能需求,并将其精准转化为可操作的教学目标,旨在培养学生符合市场需求的职业能力和素质。

教学目标的设计必须基于对汽修行业技能要求的深入洞察,并融入当前技术革新的趋势。教育者需要与行业专家合作,调研现场实际工作情况,以确保教学目标的职业性和实用性。教学目标涵盖广泛的领域,从基本的车辆维护和修理技能,到复杂的故障诊断技能,甚至管理和客户服务技能,每一项技能都需要细化成具体的学习成果。此外,教学目标的设置要充分考虑学生的基础和发展潜力,鼓励学生在实践中提升自我。这意味着教学目标不仅应注重专业技能训练,还应关注学生的个人成长和自主学习能力。在教学目标的实施过程中,通过设置阶段性目标和长期目标,可以更好地调动学生的积极性和参与感。

达成高质量的教学目标同时需要教育者具备可能调整目标设定的灵活性。由于汽修行业技术发展迅速,教学目标应能适应新技术、新材料、新工艺的要求。这可能意味着教学目标需要不时地进行更新和重新设定,确保学生所学既时刻保持与行业发展的同步,又为未来的终身学习奠定坚实的基础。

三、连接工作场景与课堂目标的实践策略

连接工作场景与课堂目标的实践策略在中职汽修教育中扮演关键角色。它要求教育者设计教学活动时,要确保课堂学习直接对应于汽车修理行业中的实

际工作任务，以实现教育内容与职业实践的有机融合。实践策略的设计需从真实的工作环境出发，将汽车维修行业的具体工作流程、技术要求及服务标准融入到课程中。通过案例研讨、工作模拟、实习实训等方式，学生能够在类似真实职场的教学环境中，体验并学习必要的职业技能与工作流程。

教育者还需与行业企业紧密配合，借助企业提供的最新案例，反映市场上常见的汽修问题与趋势，对课堂目标进行定期更新，以保持教育内容的现实性和前瞻性。这样的合作亦能为学生提供学习成果展示的平台，使他们有机会在真实工作中得到检验，并从中获取宝贵的反馈。此外，强化与课堂目标关联的评估机制是确保教育成果与工作场景相连贯的重要策略之一。评估方法应由纯理论考核转变为综合技能测试，如工作流程的模拟操作、客户服务的角色扮演等，确保评估环节覆盖了学生应用在实际工作中的各项核心技能。

四、转化教学内容以满足工作过程需求

为了满足工作过程需求，中职汽修教育中的教学内容必须经过精心设计的转化。这一转化包括将理论知识与实际技能结合起来，使学生能在多样化的工作情境中运用所学，方法论集中于如何更好地将课堂学习与未来工作环境对齐。

实现教学内容转化的一个核心策略是将行业标准和职业岗位需求纳入教学大纲。课程设计者需更新教材内容，确保涉及的维修技术、工具使用和故障诊断等方面能够反映行业内最新的实践和技术进展。同时，也应该将行业文化和职场交流技巧纳入课程，培养学生的职业素养。

教学内容的转化还应遵循学生能力的逐步构建原则。从基础理论开始，循序渐进地引导学生进入复杂的技能操作。例如，从简单的车辆检查到复杂的发动机故障排除，每一步都应当确保学生能够累积所需的知识与技能，为完成更高层次的工作任务打下坚实基础。此外，为了满足不断变化的工作过程需求，课程内容的转化还应包括定期的行业趋势分析和技术预测。通过邀请行业专家进行讲座、组织参观先进的汽修企业等方式，学生不仅可以了解最新技术，还

能培养前瞻性思维，为他们适应未来的技术变革奠定基础。

教学目标与学生发展需求的协调是确保中职汽修教育质量的重要环节。在工作过程导向的教学体系中，教育者需综合考虑学生的个性化需求及职业规划，使教学目标与之紧密相连，进而促进学生全面发展。

协调的过程要求教育者深刻理解学生的潜能与兴趣，这涉及将学生的长期职业发展融入教学目的，同时也要关注学生目前的技能水平与知识基础。教学目标设定时，应确保内容既有挑战性，又能为学生提供成功的体验，激发他们继续学习与成长的动力。

教学目标与学生发展的协调同样意味着要适应多元化学习需求。在制订教学计划时，应允许不同学习速度和风格的学生都能找到适合自己的学习路径。同时，应提供个性化的学习支持，如有需要时提供附加导师指导或技能补充，确保学生能够根据自己的能力和进度有效学习。此外，教学目标需结合学生的职业发展规划，为他们提供实用的指导和建议。这通常涉及校内外的职业指导服务、行业交流机会，以及建立学生与行业专家之间联系的平台，帮助学生对汽修职业有更深入的认识，为自己的未来做出更明智的规划。

第三节　过程导向的教学程序

一、基于过程导向的课程体系构建

（一）调研与融入行业标准至课程体系

构建这样一个课程体系首要的步骤是进行全面而深入的行业调研。这项调研要通过与企业合作、访问工作现场、参加行业研讨会和从业人员交流等多种方式，全方位收集数据，了解最新的职业资格要求、技术标准及作业流程。这样的调研不仅关注技术的当前状态，还涵盖行业未来的发展趋势和技术演进路径。

通过调研得到的信息，教育者能够确保课程内容不仅反映现行的行业实际，而且预见未来技术的动向，这对于课程长期的适用性至关重要。随后，需要将这些标准和要求转化为具体的教学目标和课程内容。这一转化过程中，特别要注意行业标准的实用性和操作性，在让学生掌握理论知识的同时，更重视技能的培养和实操的训练。进一步地，课程体系在设计时还要注重模块化和灵活性。不同的课程模块对应行业中的不同工作职能，每个模块都应当独立完整，且能够根据行业变化进行快速调整或更新。这样的模块化设计允许教育者和学生根据个人职业发展的方向和兴趣进行选择，同时确保整个课程体系可以随着行业的需求持续进化。最后，将行业标准融入课程体系中的过程也应该是开放和循环的。这需要教育者不断地回到行业进行调研，与企业保持紧密的沟通，定期收集反馈，切实掌握行业动态，并据此优化课程体系，确保教育的内容和形式始终与行业标准保持一致，满足行业对高质量职业技能人才的持续需求。

（二）设计符合过程导向的课程结构

在基于工作过程导向的课程体系构建中，设计符合过程导向的课程结构是实现有效教学的关键步骤。一个良好设计的课程结构应当能够全面反映汽修行业的工作过程，并通过不同的课程单元和模块帮助学生逐步掌握必要的专业知识和技能。

设计课程结构时，教育者需从实际工作任务出发，确保教学内容覆盖工作过程中的关键技能点。这包括从简单的基础知识教授到复杂的综合技能训练，每个环节都应以提升学生的实际操作能力为目标。例如，可以设置从车辆常规检查、基础维护到高级故障诊断和维修的逐级课程单元，让学习内容和难度与学生的学习进度相匹配。此外，符合过程导向的课程结构强调理论与实践的结合。因此，课程设计中应融入大量的实操训练、实习实训机会以及与工作现场相仿的模拟项目。通过创设实际工作情境，如模拟车间和维修任务，学生能在接近真实环境的背景下熟悉工作流程，提高职业适应性和问题解决能力。

沙盘演练、项目制教学以及案例分析同样应嵌入课程结构。这些教学方法能够激发学生的思考和创新，同时也让学生在反复练习中积累实践经验，并对标准操作程序有着更加深刻的理解。课程结构设计需提供足够的灵活性，以适应学生的不同学习路径和未来的职业选择。提供选修课程和高级技术模块，让学生可以根据兴趣和职业规划选择学习重点，这样不仅促进了学生个性化发展，也满足了行业对多样化技能人才的需求。

（三）整合实操与理论：平衡课程内容

在基于工作过程导向的课程体系构建中，整合实操与理论，平衡课程内容是至关重要的。这种整合要求教育者精心设计教学活动，确保学生在掌握必需的理论知识的同时，能够获得充分的实践操作经验。达到理论与实操相融合的教学，有助于学生更好地理解知识点并将其应用于实际工作。

为了实现这种平衡，课程内容设计应当遵循工作任务的实际需求。理论教学不应脱离实际，而是要围绕真实的工作场景和技术难题展开。具体的做法是将理论课与实操课程相结合，利用案例学习、模拟实操等方式，让学生在了解概念的基础上，立即转入相关的实践操作，通过动手实验来巩固和深化理论知识。同时，课程内容的组织安排需体现出从易到难、由浅入深的原则。初级阶段注重于基础理论的讲授与简单技能的培训，随着课程的深入应逐渐过渡到复杂技术的掌握和综合性任务的处理。这种渐进的学习过程使学生能在每个阶段都达到理论与实践的有效结合。

课程还应采用灵活多样的教学方法，为理论和实操提供多角度的体验。例如，可以通过多媒体教学来展现复杂机械原理，再通过实际的机械维护和故障排除实操来加强理解。此外，教育者还应鼓励学生参与课堂讨论和项目策划，增强其批判性思维和团队合作能力。课程评估也应反映理论与实操的整合。考核方式应涵盖书面考试、项目报告、技能测试等多种形式，全面评价学生的知识掌握和实际操作能力。通过这种评估机制，教育者能够监测和调整教学内容，确保学生在理论认知和实践技能上均能达到课程目标。

（四）弹性课程安排：适应性与进阶性

在基于工作过程导向的课程体系构建中，设计具有弹性的课程安排对于适应学生的学习需求和职业发展至关重要。一个灵活的课程体系应该能够顺应每位学生的能力水平、学习速度和职业兴趣，同时为所有学生提供清晰的职业发展途径。

弹性课程安排首先要体现在对不同学习阶段的学生提供适宜的学习内容。入门课程应注重基础知识的传授和基础技能的培养，确保所有学生都能够建立坚实的技术和理论基础。此外，应有进阶课程提供给那些掌握基础知识后想要深入学习的学生，这可以是更高级的技术训练、新技术的学习，或是专业领域的拓展。

课程需要允许学生根据个人兴趣和未来职业目标进行选择，这将鼓励学生主动规划自己的学习路径，并在教育过程中发展个性化的技能集。此外，教育者应为学生提供相应的指导和咨询，帮助他们做出明智的选择。进阶性体现在课程内容的逐步深入，以及为学生提供的梯度递增的挑战。从基础操作到复杂的故障诊断，再到管理技能和客户服务，课程安排应该能够引导学生持续进步和成长。弹性课程还意味着必须考虑到行业的新发展，及时更新课程内容以反映最新技术，确保教学内容保持现代化和相关性。课程安排应该包含评估机制，以确保学生在学习过程中的进步可以得到有效地监测。通过定期的评价，包括理论考试、技能展示、项目作业等方式，学生可以获得对自己学习状况的准确反馈，教育者也可以据此调整课程内容，以最好地满足学生的发展需要。

二、工作过程导向的教学实施过程

（一）制订工作过程导向的详细教案

一份优秀的工作过程导向教案，首要明确课程的终极目标，即学生在完成这一教学单元后应掌握的技能与知识究竟是什么。随后，教案详细规划课堂每一步骤的实施方法，包括对理论讲解、实操演练、学习讨论与技能展示的具体安排。这需要教育者深入分析职业工作过程中的每一个环节，以及学生在这一过程中应该如何操作、学习与实践。

教案中还应包含对学习材料的详尽说明。这包括但不限于教学用书、操作手册、多媒体材料、修理工具以及安全装备。这些材料和工具的准备，应当服务于教学目标和学习活动的实施，确保学生能够有序地接触到符合工作标准的学习资源。

对于每个学习环节，创设相应的实践场景也十分重要。教案需详述这些场景的设立方法，如模拟车间的布置、常见故障的模拟设置，及各种实操项目的实施要求。通过创设接近现实工作环境的实训场景，为学生提供沉浸式学习体验。

此外，教案还应设计有效的反馈与评估机制。这意味着详细说明教师如何在教学过程中收集学生的反馈信息，以及如何进行形式多样的评估，如操作考核、口头问答、写作报告等。通过这些评估手段，教师可以及时监控学生的学习进度，调整教学方法，并为学生的持续进步提供必要的支持与指导。

（二）模拟真实工作场景的教学活动设计

设计教学活动时，要注意真实工作场景的多维度模拟。这意味着不仅要重现物理环境，如完备的设备和工具、标准的工作台布局，还应包括工作过程中遇到的具体问题、任务要求和时间压力。例如，汽修课程中可以设计故障车辆的诊断与修复任务，学生需要在规定时间内完成一系列步骤，其中包括诊断故障、选择恰当的维修方法、使用合适的工具和部件以及最终的质量检查。

教学活动设计还应考虑到实际工作中的协作和沟通。设置团队任务，要求学生在完成任务时进行分工、协作，通过彼此间的交流和合作来解决问题。这不仅有助于培养学生的技术技能，也有助于加强他们的团队协作精神和沟通能力。

模拟活动的设计应关注工作过程中可能出现的突发状况。在不影响学生安全的基础上，可以设置一些意外情境，让学生学习如何在紧张和不确定的环境中操作，并对结果负责。通过这些紧张但受控的模拟练习，学生可以逐步建立起自信心，并发展出在实际工作中快速准确响应的能力。

对于模拟教学活动的评估和反馈也不可忽视。评价系统要能全面反映学生在模拟环境下的表现，从基本技能的运用到复杂问题的处理，都应有相应的评估标准。通过及时准确的反馈，学生可以明确自己的不足，并在后续的学习中做出改进。

（三）增强实操联系：培训与实际技能的桥梁

在工作过程导向的教学实施过程中，增强课堂培训与工作实际需求之间联系成为突出实操技能的桥梁至关重要。教育者需构建一套系统的实践活动方案，紧执车辆维修行业的脉搏，并通透市场的真实需求，以确保所培养的技能直接对应于职场的实际工作。

增强实操联系需在培训中做出明确体现，将学习活动设计成以结果为导向的任务，模拟真实的工作挑战。这包括详细规划像车辆故障诊断、定期维护计划、客户服务交流等具体的操作流程。通过这些操作流程的实操训练，学生能在仿真条件下体验真实工作情境的压力与需求，逐渐习得工作过程中的关键技能。

实操联系的拓展还意味着致力于连接校内培训和校外实习。通过设置实习机会，学生可以直接参与企业的日常运作，将在教室内学习的知识和技能以实际工作为试金石。这样能够让学生及时了解行业动态，理解职场流程并学习如何在专业环境中表现。与行业专家进行互动也是增强实操联系的有效手段。邀请经验丰富的修理工、服务顾问及业界人士来校进行交流，或安排学生访问先进的汽修企业，观察他们的工作方式和企业文化。通过这样的交流，学生可以获得宝贵的现场学习经验，更能理解其学习目标如何与工作实践相结合。强调评价的实用性也不可或缺。在评估体系中融入实操表现的量化指标，这不仅包括技术准确性，还涉及效率、创新解决方案和团队协作等多方面的能力。通过对实操技能的考核，可以反馈学生的学习成果与实际应用能力，进而优化教学策略。

（四）追踪教学进度：反馈与调整

在工作过程导向的教学实施过程中，追踪教学进度，及时获取反馈并进行相应的调整，对于教学目标的实现至关重要。这不仅可以确保教学活动的有效性，还有助于调动学生的积极性，提升学习效果。教育者需要建立一个系统的监控机制，实时掌握学生的学习状况，并根据反馈作出必要的课程调整。

追踪教学进度首先要求制订清晰的计划和评估标准。课程中的每一环节都应该有明确定义的完成目标，同时设立规律的评估节点，如周测、月测、学期评估等，通过这些评估活动，教师能持续观察学生对知识点和技能掌握的深度与范围。有效的反馈机制是追踪教学进度不可或缺的一环。这涉及学生表现的多维度反馈，包括但不限于成绩、课堂参与、实操表现、团队互动等方面的表现。反馈应及时进行，且充满建设性，使学生明白自己的长处和需要改进的地方。

教育者还应通过与学生的定期面谈、问卷调查等方式，了解学生的学习体验和个人感受。这种直接的沟通有助于教育者深入了解学生内在的学习动机和可能遇到的障碍，从而提供更为个性化的学习支持和引导。

调整课程内容和教学方法是根据反馈信息所采取的重要措施。如果学生在某些模块上的表现不符合预期，教育者需分析原因，可能是教学方法、材料或活动设计的不充分，或是对学生能力的过高或过低预期。因此，教育者需灵活调整教学策略，如增加辅导、调整难度、丰富教学手段等，以保证教学目标的达成。

第四节　构建多样化的师生配合方式

近年来，职业教育课程改革的方向就是基于工作过程的课程模式。该课程特点就是能够体现工作过程的各项要素，让学生亲自经历结构完整的工作过程，并借此获得过程性知识。

一、拓展教师与学生的互动模式

在中职汽修教育领域构建多样化的师生配合方式当中，拓展教师与学生之间的互动模式显得尤为重要。教师与学生的互动不仅是传授知识的过程，更是培养学生批判性思维、解决问题能力及职业技能的重要途径。

首先，教师应当采用多元化的教学方法，突破传统课堂讲授的模式。包括但不限于项目制学习、基于案例的教学、协作学习小组和角色扮演等。这些互动模式能够激发学生的参与度和兴趣，提高学习效果。其次，利用技术平台，如在线讨论板、教育 App 和社交媒体，建立和学生之间更加灵活的沟通渠道。教师可以在线上布置任务、回答问题、分享资料等，让学习过程不仅局限于课堂，拓宽互动空间。

教师应鼓励学生参与教学内容的设计，让他们提出想要学习的技能点或者感兴趣的话题。通过这种方式，学生能够感受到自己在教学过程中的重要性，从而更加积极地参与课堂活动。除此之外，设置定期的师生面对面交流会，可以是非正式的茶谈时间或者课后的问答时间，教师通过这些渠道了解学生的学习状态、心理变化和个人需求，进一步加深师生关系。教师应不断自我更新，学习新的教学理念和方法，尝试不同的互动方式，以匹配学生多样化的学习习惯和需求。同时，教师也需要保持对学生的高度关注，及时给予反馈和支持，创造一个充满活力和包容性的学习环境。

二、强化师生协作：角色界定与协同机制

在构建多样化的师生配合方式中，强化师生协作是重塑教学关系、优化教学效果的关键一环。明确教师与学生在教学过程中的角色定位，并建立有效的协同机制，对于提升课程质量和学生学习成效具有至关重要的作用。

教师在这一过程中，不再仅仅扮演知识的传递者，更是指导者、协作者和

引导者。他们应倡导共同探索和解决问题的理念，激励学生提问、思考和实践，帮助他们将理论与实操紧密结合。同时，教师还能提供专业知识，指导学生按照行业标准完成任务。而学生，则应由学习的被动接受者转变为积极参与者。在师生协作的教学中，学生与教师一起分析问题，探讨可能的解决方案，并在实践中尝试各种方案，成为知识达成的重要推动者。

为了强化师生协作，需要制定明确的协同机制。这包括建立清晰的沟通渠道，确保信息的流畅和透明；设置协作规则，包括分工、责任和协作程序；以及开展定期和不定期的师生会议，共同讨论教学计划、进度和评估反馈。协作学习项目也是强化师生协作的有效途径，项目以解决实际问题为导向，教师和学生可以根据具体任务进行合作。在项目实施过程中，通过团队协作共同面对挑战，学生能够提升个人的技术能力，发展解决问题的思维，同时也能增强团队合作的经验。在此基础上，形成持续的评估和反馈机制也是强化师生协作不可忽视的一环。定期对协作结果进行评估，教师和学生都可以提供和接受反馈，共同反思学习过程并寻找改进的方法。

三、增进教学参与度：引导与激励

在构建多样化的师生配合方式的过程中，增进教学参与度是教育成功的重要因素。引导与激励不仅能提高学生的学习动力，还能促进他们主动探索和深入理解所学知识。因此，教师需要采取一系列策略，以吸引学生的注意力，并鼓励他们在教学活动中扮演更为积极的角色。

教师应通过引导来帮助学生确立学习目标，并强调这些学习目标与学生未来职业生涯的关联。通过提出挑战性的问题和目标，教师可以激发学生的好奇心和探索欲，鼓励他们主动思考和参与教学过程。同时，教师应设计和实施具有吸引力的教学方法，如游戏化学习、竞赛模式、合作学习等。这些策略能有效提升学生的参与感，激励他们在课堂上更加活跃，加深记忆，促进知识理解和技能掌握。

教师可以通过激励策略来促进学生的积极性，比如给予表现出色的学生奖励或认可，发放学习勋章、颁发优秀项目证书等。这些奖励不仅是对学生努力和成就的认可，也是激发其他学生学习热情的手段。教学参与度的提升还需借助个性化教学的实施。了解每位学生的学习特点和需求，提供定制化的引导和支持，可以大幅提高每个学生的学习效果。例如，针对不同能力水平的学生，教师可以提供不同难度的任务，确保每个学生都能感到被挑战同时又不至于感到过于沮丧。

四、丰富教与学的方法：从单向传授到互动式教学

在互动式教学中，传统的教师中心和讲授式模式被转变为教师与学生之间的双向交流。教师的角色更多地是引导者和促进者，而非单一的信息来源。在该模式下教师鼓励学生提问、思考及提出自己的见解，并且在课程内容的探索中摒弃了标准答案，推动学生在批判性思维和解决问题上有所建树。教师可以通过问题导学来刺激学生的思考，提出开放性问题，引导学生从不同角度和层面思考课题。这样的探讨可以借助小组合作学习、角色扮演等互动发展成多元对话，增强学生的参与感。

应用信息技术手段也是丰富教与学方法的一部分。利用在线讨论板、虚拟模拟软件等数字平台，教师不仅能及时响应学生疑问，还能创造更为多样的学习环境。例如，通过电脑模拟引擎拆装，让学生在理论与实践操作中找到平衡。同时，教师还应当强化课程与现实生活的联系，设计与学生日常生活和未来职业相关的课题。使用真实案例分析、现场探访修理厂或与业内专家的互动，可以帮助学生将学到的理论知识应用于实际。评估和反馈机制的多样化也是教学方法转变的体现，运用自我评价、同伴评价以及教师评价等多种方式，确保学生在互动式教学中得到有效的反思和进步。评估不仅限于传统的考试和测验，也包括学生参与度、协作能力等多维度的评测。

第五节　建设全方位的教学条件

任务驱动教学法通过完成任务的方式进行能力培养和知识学习，任务的完成过程既是一个能力培养的过程，又是一个知识获取的过程。任务驱动教学法的实施，使我们取得了传统方法难以达到的效果，但是任何一种教学方法都要随着教学实践的变化，不断地丰富，需要我们职教工作者大胆完善和创新我们的教学模式，改进我们的教学方法，实现职业教育与就业的零距离对接。

一、学习环境的优化与配置

在中职汽修专业教育中，建设全方位的教学条件是提升教学质量和学生学习效率的重要环节。其中，学习环境的优化与配置是基础工作，它直接影响到教与学的过程和结果。一个优化配置的学习环境应当是安全的、功能齐全的，并且能够激发学生的学习兴趣和促进知识的吸收。

为了达到优化配置的目标，首先，学习空间的设计需要考虑到功能性和舒适性。教室、实验室和实训车间的布局应科学合理，确保学生有足够的空间进行理论学习和实践操作。适宜的光照、温度调节和静音措施等也是创造良好学习环境的关键因素。学习设备和工具的现代化升级也十分重要。中职汽修专业需要大量专业化的实训设备，如发动机模拟器、电路板、车辆诊断仪等。确保这些设备的先进性和完好性，可以使学生在接近实际工作条件的环境中学习，从而更好地理解专业知识和技术操作。此外，学习资源的丰富多样也是构建优质学习环境的关键方面。图书馆、在线资源平台、专业杂志和教学软件应齐全，满足学生从事汽修专业学习的需求。通过不断更新资源，保持与汽修行业技术发展同步，学生能够及时获取新知识，拓宽视野。

安全配套措施在学习环境中也占据着极为重要的位置。由于汽修专业的实践性很强，因此实习车间的安全教育、设备的安全使用和个人防护装备的配备必须得到充分重视，以保障学生在实操学习过程中的安全。适应未来教育发展趋势，学习环境的智慧化、网络化建设也不容忽视。利用信息技术构建虚拟教室和云平台，能让学生在更广阔的时空条件下进行学习，促进自主学习和远程教学。

二、教学资源的全面整合与共享

在建设全方位教学条件的过程中，教学资源的全面整合与共享对于提高教学效率和优化教学质量具有举足轻重的作用。全面整合和共享教学资源意味着打破资源孤岛，让教学资料、设备、平台和人才资源得到有效联结和优化利用，为汽修专业学生提供一个内容丰富、互联互通的学习环境。

全面整合教学资源需求将教学材料、电子文档、视频课程、在线数据库等形式多样的资源汇集到统一的平台上。首先，利用数字化技术构建一个易于访问的资源库，使得教师和学生可以随时随地获取必要的教学和学习材料。其次，教学资源的共享不仅限于本校师生，还可以通过建立校际网络，与其他职业院校或汽修行业内的企业分享资源。这可以通过举办联合讲座、研讨会、工作坊以及互访等方式实现，从而丰富学生的学习体验，并且接轨行业实际。在实践设施方面，通过整合校内外的汽修实训基地、实验室和工作站点，允许学生在更宽广的范围内接触到先进的技术和设备。与行业合作，邀请企业进校，或者让学生到企业参与真实项目的实操，共享实践机会，这无疑能增强学生的职业技能。

推动教师资源的共享同样重要。通过定期的教师培训和交流活动，教师可以相互分享教学经验和方法，共同研发课程内容，形成一个不断学习、不断进步的教师团队。对于教学资源的整合与共享的效果也需要进行有效的监测和评估。这意味着要定期收集和分析使用情况，及时调整资源的配置，确保资源能够高效服务于教学实施和学生学习需求。

三、支持服务的有效组织与管理

在全方位建设教学条件的课题中，支持服务的有效组织与管理是保障教学活动顺利进行和提升学习效果的关键因素。这要求学校不仅为学生和教师提供必需的物质资源，更要在服务的运营和管理上实现高效和科学。

首先，有效的支持服务体系需要建立一套完善的服务流程与管理规范。包括教学设备的维护、教材的配送、实习基地的协调以及资讯咨询的提供等，均需定出明确的服务标准和流程。这些标准和流程既要确保服务的及时响应，也要保持高效率和高质量的息息相关。其次，学校应使用现代化的信息系统来协助管理教学支持服务。例如，通过建立教学资源管理系统，可以实现教材、课件、设备等资源的统一管理和调配。同时，利用这些系统可以收集和分析服务使用数据，为进一步优化服务提供决策支持。最后，要强化服务人员的专业培训。无论是图书馆的图书管理员、实验室的技术人员还是 IT 支持的工作人员，均须不断提升其专业技能和服务意识，以便在日常工作中提供专业、快捷且友好的服务。

支持服务的有效组织还需要着眼于内外部合作与资源共享。通过与行业企业、其他学校和教育机构建立合作关系，可以共享资源，提供更广泛、更深入的支持服务。这种合作可以包括共同利用实训设施、共享专家名师资源、联办技能大赛等。通过听取师生的反馈、定期进行服务满意度调查，可以及时了解服务中存在的问题并迅速采取改进措施。确保服务的持续优化，以满足师生不断变化的需求。

四、打造支持过程导向教学的硬件和软件条件

在现代职业教育体系中，第五节教学条件的建设要着重于打造符合过程导向教学需求的硬件和软件条件。过程导向教学强调学习的过程同样重要，这要求学习环境能够全面支持从知识的传授到能力的培养，从理论学习到实践操作的整个教学过程。

硬件条件的打造，应当以模拟真实工作环境为目标。对于汽修教育而言，应配置完善的车辆维修设备、汽车电子诊断仪、各类车型引擎模型等实训设备。教学楼、实训车间等硬件设施，应模拟实际的汽车维修工场环境，以提供逼真的实操体验。此外，实验室、计算机房等设施的现代化建设，也是确保教学活动高效进行的硬件基础。

软件条件的打造，则需求聚焦于教育资源的数字化和网络化。这包含了教学管理系统、在线课堂平台、虚拟仿真软件和云存储资源等。软件条件不仅为教师准备和分发教案、课件、测验等提供便利，同时也使学生可以随时随地访问学习内容，进行自我学习和评估。特别是虚拟仿真软件，能够让学生在没有风险的条件下练习和掌握各项汽修技能。除此之外，为了满足过程导向教学的需要，硬件和软件条件还应相互融合，实现无缝对接。比如，实训设备应当可以连接至教学管理系统，收集学生实操数据，为教学评估提供依据；虚拟仿真实验室的使用结果，应能即时反馈至学生和教师端，用于指导教学进程。

对于教师而言，上述硬件和软件条件的建设，可以极大提高教学设计和实施的灵活性与实效性。而对于学生，这样的环境构建不仅使学习变得更具吸引力，而且为他们提供了一个高度接近实际工作条件的学习平台，既安全又高效。

｜第九章｜
基于虚拟仿真技术的探究式
教学模式

信息技术的发展正在推动时代变革，教育能否跟上脚步？教育部曾提出，要推动教师主动适应信息化、人工智能、虚拟仿真等新技术变革，积极有效开展教育教学，到2022年构建以校为本、基于课堂、应用驱动、注重创新、精准测评的教师信息素养发展新机制，全面促进信息技术与教育教学融合创新发展。虚拟仿真技术在人才培养方面起到了至关重要的作用。

第一节　虚拟仿真系统的开发

虚拟仿真技术在人才培养方面至关重要。它以交互性和体验性为特点，增强教学的互动性和实践体验，提供更具体、更真实的学习环境和情境。通过虚拟仿真技术，学生可以在模拟的场景中进行实践操作、解决问题，从而增强对知识和技能的理解和掌握。

一、中职汽修虚拟仿真软件开发

（一）虚拟仿真软件的技术架构

涉及中等职业教育汽车维修专业的虚拟仿真软件开发，技术架构的构建是基石与核心。该技术架构需满足专业教学的复杂性和实用性的双重要求，同时确保软件的稳定性、灵活性以及可拓展性。

在构建技术架构时，需融入多层次的设计思想。首先，以模块化思维为指导，将软件拆分为独立但相互协作的单元，例如引擎模块、图形渲染模块、用户交互模块等。这种划分使得未来对单一模块的升级或替换成为可能，而不至于影响整个软件的稳定运行。其次，须加强数据管理层面的逻辑设计，确保仿真系统可以高效处理学生输入数据与实时反馈之间的动态交互，使训练场景更接近现实情境，以提升教学效果。此外，数据安全性和隐私保护也必须纳入系统结构的考量。

无可非议的是，软件架构必须支持多用户操作，考虑到中职教育背景下学生人数多和课堂设置的多样化，教育者可以利用这一系统安排不同层次和进度的教学活动。系统架构应考虑到不同学习风格和需求，提供个性化学习路径和内容。在技术选型上，应用当前前沿的开发工具和编程语言，如利用 Unity 3D 或 Unreal Engine 构建仿真环境，选择稳定高效的后端如 .NET 或 Java，以及考虑到未来技术的演进和行业标准的变动，采用易于更新和维护的开源框架。

（二）交互设计在虚拟仿真软件中的应用

交互设计质量关系到教学软件能否准确、高效地传授汽车维修的专业知识与实操技巧，同时也影响着学习者的使用体验和学习成效。交互设计的核心在于打造直观、易用的用户界面（UI），使学习者能够快速掌握软件的操作，并且在虚拟环境中自如地模拟实际操作。设计过程中，必须考量用户的心理预期和操作习惯，采用符合汽修专业特点的操作逻辑，例如，模拟真实汽车维修工具的使用方法、拆装部件的手法等，以提升仿真软件的教学有效性。

有效的交互设计还需要包含充分的反馈机制，确保用户的每一次操作都能得到适时的视觉、听觉甚至触觉反馈，以增强操作的真实感。例如，当学生在虚拟环境中拧紧螺丝时，软件应提供相应的扭力反馈和声音提示，模拟真实工作环境中的感受。此外，人机交互的友好程度也决定了学习者的学习动力和教学内容的吸收程度。界面设计应简洁清晰，避免过于复杂的菜单或指令，以免增加学习者的认知负荷。同时，虚拟仿真软件需要提供丰富的交互操作，比如可通过拖拽、点击、手势等多种方式与软件进行互动，增加学习者的参与感和实操经验。

为了优化交互设计，开发团队应深入研究目标用户群体——中职学生的使用习惯和教学需求，并且定期收集使用者的反馈，以用户为中心不断调整和改进软件设计。这种以用户需求为导向的设计方法不仅可以提高软件的易用性，更能确保其教学价值得到有效传递，真正达到提高中职汽修专业学生专业技能的目的。

（三）虚拟仿真教育内容的专业性构建

内容的专业性不仅是指确保所提供的知识准确无误，更要确保这些知识能够与行业实践紧密结合，并能够适应汽车维修领域的变革和技术发展。

为了构建专业性强的虚拟仿真教育内容，首要任务是对汽车维修领域的核心知识和技能进行系统化梳理，将其转化为可以在虚拟环境中模拟的操作流程和案例。这涉及与行业专家的紧密合作，确保模拟内容的真实性和先进性，使学生能够通过软件学习到最新的汽修技术和最佳实践。

内容构建还必须符合教育目标和教学大纲的要求，理论与实操训练相结合，使知识点与操作技能互为补充。例如，软件中的每个虚拟维修任务都应详细地解释原理，同时提供相应的实操指导，确保学生既理解为什么要进行特定操作，又掌握如何去操作。进一步地，教育内容的专业性构建还包括考虑到不同学习阶段和能力水平的学生，提供分级和模块化的学习内容。初学者可能需要更多的引导和基础知识，而高级学生则可能更关注复杂问题的诊断和解决策略。软件应提供丰富多样的虚拟教学场景，从简到难，以支持学生的逐步学习和技能提升。同时，专业内容的构建还应考虑到学生的反馈和学习效果评估。虚拟仿真软件需要包含有效的评估工具，以监测学生学习过程中的进展，这既包括知识点的理解，也包括操作技能的掌握。通过收集数据分析学生的学习成果，软件可以提供个性化的学习建议和改进教学策略。

二、教师故障点设置方法及学生考核过程示例

（一）设定故障点的专业方法及逻辑

在虚拟仿真系统中，教师设定故障点是增强学生诊断与解决问题能力的重要

环节，其专业方法与逻辑要求极高。通过精心设计的故障点模拟，学生能够在安全无风险的虚拟环境中培养解决实际工作中可能遇到的复杂技术难题的能力。

教师在设定故障点时需充分考虑汽车维修工作的实际情况，确保每一个故障点都源于实践，且与汽车的工作原理和系统故障诊断直接相关。这不仅利于提高学生对故障现象的认识，而且有助于学生理解隐蔽问题背后的技术原理。在故障点的挑选上，要采用逐渐增加难度的方式，配合学生的学习进度和技术层次。初级阶段的学生可能更适合面对常见简单的故障点，而对于高级阶段的学生，应设置涉及多系统交互或需要综合多种技能解决的复杂问题。这样的梯度式故障设定有助于学生循序渐进地提高技术水平。

教师在设定故障点时还需要考虑到多样性，确保涵盖汽车维修中各个关键环节和系统，比如传动系统、制动系统、电子控制系统等。多样化的故障点可以更全面地锻炼学生的技能，使他们能够面对各类故障情境，提高综合诊断能力。为确保设定的故障点符合教学要求和评估标准，教师应将设置的逻辑与教学计划紧密结合，按照明确的教学目标来规划故障点。每一个设置的故障点都应与特定的学习成果联系起来，并在教学活动中对学生的理解和应用能力提出清晰的期望。最后，为反映故障点设定的真实性和教学效果，系统应允许教师根据学生反馈和教学结果不断调整故障点设置。此外，教师还可以运用虚拟仿真系统提供的数据分析工具，对学生在面对故障点时的表现进行评估和跟踪，从而实施更精准有效的教学策略。

（二）学生考核过程的流程设计

学生考核过程的流程设计在虚拟仿真系统的开发中占有重要地位，因为它直接关联到评价学生技术水平和知识掌握程度的有效性。考核过程必须既系统又严谨，确保学生能够在模拟环境中体验到接近实际情况的评估标准和流程。

首先，确立流程设计考核的目标和标准。这些标准应当具有可量化性，以便于在虚拟环境中的应用和评估。例如，可以根据维修工作的时间效率、工作精确度和操作正确性等方面来设置评估标准。其次，考核流程需要模拟实际工作情境，从诊断故障、制定维修方案，到执行修理和检验结果，每个阶段都应设置明确的任务和相应的评价机制。在此过程中，系统可以记录学生的操作步骤、决策选择以及解决问题的方法，从而为后续的评估提供详细数据。

流程设计中还应包含反馈环节，允许学生在完成每个评核任务后，能够立即获得系统的反馈和指导。这种及时反馈机制对于学生理解错误、纠正不足，以及加深记忆极为关键。进一步而言，流程设计应允许个性化的评估方式，适应不同学习者的需求。对于不同技术水平或学习速度的学生，系统应能提供不同级别的考核难度和不同形式的反馈，以确保评核过程公平且包容。

考核过程流程设计的一个重要方面是可持续性和适应性。随着教学内容的更新和技术发展，评核流程应易于适应这些变化，能够及时地加入新的技术要求和维修方法。这要求系统采用模块化的流程设计，易于调整和更新。

（三）教师指导与反馈的专业技巧

教师在虚拟仿真系统中的指导与反馈是确保学生能有效学习和掌握汽修知识技能的关键环节。教师的专业技巧不仅要在于传授知识，还要在于激发学生的思考、引导学生的实践，并提供及时的反馈，帮助学生巩固学习成果和修正学习方法。

教师需通过虚拟仿真系统，为学生设置合理的学习目标与预期成果，并在此基础上进行有针对性的指导。教师的指导应具备前瞻性，能够预见到学生在学习过程中可能遇到的困难，并据此设计指导策略，如通过引导性问题促使学生进行自主思考，通过演示案例展示复杂操作的正确流程等。在学生操作虚拟仿真软件中模拟维修过程时，教师需要提供实时的辅导与支持，引导学生注意操作的关键步骤和常见陷阱，确保学生能够理解并掌握每一个操作的核心要领。特别是当学生遇到故障点时，教师要能提供专业、具体的指导，帮助学生根据故障现象找到可能的原因并探索解决办法。此外，反馈是教师指导技巧中不可或缺的部分。在学生完成虚拟仿真中的特定任务后，教师要能提供具体明确的反馈，既包括肯定学生的正确操作，也包括对错误之处提出建设性的批评。反馈应即时并针对性强，关注学生的个别需要，并引导学生如何从错误中学习，不断提升技术能力和问题解决能力。

为使指导与反馈更专业和有效，教师也应该不断完善自己的专业知识，保持对汽车维修技术最新发展的了解。同时，利用虚拟仿真系统中的追踪和记录功能，教师可以对学生的学习进程进行全面分析，通过数据来指导教学策略的调整。教师的指导和反馈旨在培养学生成为能够独立解决问题的汽修专业人才。在虚拟仿真系统的帮助下，教师的专业技巧不断提升，同学生的专业能力相得益彰。通过精心设计的指导和反馈流程，确保每位学生都能在安全、模拟的环境中高效地学习和提高。

第二节 基于虚拟仿真技术的探究式教学模式

虚拟仿真技术可以通过模拟真实场景、情境和操作过程，以视觉、听觉、触觉等多个感官通道来呈现学习内容。这种多感官参与可以增强学习的沉浸感和参与度，帮助学生更好地理解和记忆知识。通过视听的刺激和触觉的模拟，学生能够更深入地体验和感知学习内容，提高学习的效果。

一、汽修仿真实训的应用情况

（一）虚拟仿真在汽修教育中的应用细节

在探究式教学模式中，汽车维修（汽修）仿真实训作为一项现代教育技术的应用，已在教育实践中发挥了重要作用。应用细节主要体现在提供一个接近现实的工作环境、增强教学互动性以及满足个性化学习需求等方面。

首先，虚拟仿真技术能够创造一个高度模拟的汽车维修环境，使得学生可以没有风险地进行操作实训。通过高度还原的三维模型、动态仿真系统和逼真的操作反馈，学生能够学习到各种汽车部件的功能、结构以及维修过程中的具体步骤。

此外，通过实训模拟中复杂故障的设置，学生得以锻炼其问题诊断和解决的能力，这对于提高其将来面对实车工作的应变与处理能力至关重要。

其次，虚拟仿真技术的动态化和交互性特点增强了汽修教育的互动性。学生通过与仿真系统的交互进行学习，不仅可视化地理解理论知识，而且可以直观地看到自己的操作结果，这在传统的课堂教学中是难以实现的。教师也可以利用仿真系统来进行即时的指导和反馈，使得学习过程更加有趣且高效。

最后，虚拟仿真实训可以满足不同学生的个性化学习需求。考虑到学生的知识水平、学习能力和偏好各异，仿真系统通常提供不同等级和不同领域的维修任务，从基础的汽车保养到高级的系统故障排查等。通过自主选择学习内容，学生可以根据自己的兴趣和发展目标进行专项或进阶学习，这极大促进了个性化学习和自驱动学习。

因此，虚拟仿真技术在汽修教育中的应用细节体现了现代教学理念的实践，通过实现理论与实践的无缝对接，不仅提升了教学的质量和效率，也为学生今后在汽车维修行业的发展奠定了坚实的基础。探究式的教学模式借助虚拟仿真的优势，能够更全面地培养学生的专业技能，为其将来的职业生涯做好充分的准备。

（二）教学过程中虚拟实训的操作流程

在基于虚拟仿真技术的探究式教学模式中，教学过程的设计对于学生技能的习得和知识的深化有着决定性影响。详细而精确的操作流程是虚拟实训必要的构成部分，它引导学生以标准化手段进行学习，同时也为教学提供了可衡量和重复的框架。

虚拟实训的操作流程通常由以下几个关键步骤组成：

一是准备阶段。在实训开始前，教师会向学生介绍实训目标、操作界面及工具使用方法。这一阶段还包括对安全注意事项的强调，确保学生在虚拟环境中的安全行为。

二是模拟操作。学生通过仿真软件进入虚拟的汽车维修环境，依据任务要求开始模拟操作。这些操作可能包括对车辆的检测、故障诊断、零部件更换等，所有步骤均按照现实维修作业的标准进行设计。

三是实时监控与指导。教师通过仿真系统实时监控学生的操作，对学生的操作进行指导。在学习者遇到困难或错误时，教师可以即刻提供辅导，纠正学生的操作方式，帮助其找到正确的解决步骤。

四是故障处理与问题解决。当学生在模拟环境中遇到故障点时，需要运用之前学习的知识和技能来诊断故障并提出解决方案。教师可以在关键时刻给予线索或提示，引导学生思考和探究问题的本质。

五是结果评估。操作完成后，仿真系统会根据预设的标准对学生的操作结果进行自动评估，为学生提供量化的反馈。评估内容包括操作的正确性、效率、是否遵循了正确的安全流程等。

六是反思与改进。评估之后，学生需要对自己的操作过程进行反思，教师则通过讨论和评审帮助学生梳理操作中的得失，指出改进的方向。这也是学习过程中提升认识能力和动手能力的重要时刻。

将此完整的操作流程融入教学，不仅能够增强学生的实践操作能力，还促进了学生批判性思维的发展。通过对操作流程的重复练习和不断优化，学生能够逐渐提高技术水平，并在虚拟仿真的帮助下，为将来在真实汽车维修行业中的工作打下良好基础。

（三）仿真技术在学生技能掌握中的定位

在基于虚拟仿真技术的探究式教学模式下，仿真技术在学生技能掌握过程中具有不可替代的定位。它为学生提供了一个沉浸式的学习环境，其中学生可以安全地实践和巩固汽车修理的各种技能，而无须担心实际操作中可能带来的风险或成本。

仿真技术使得学生能够练习并掌握以下关键技能：

1. 技术技能

学生通过虚拟仿真软件可以不断练习汽车各系统的拆卸、检修和组装流程，从而在无须实际动用车辆的情况下，精熟掌握汽车维修的核心技术技能。

2. 诊断技能

虚拟仿真环境能模拟真实车辆的故障症状，让学生通过系统的教育流程学习如何诊断和解决复杂的汽车问题，这对于学生分析和解决问题的能力培养至关重要。

3. 错误分析与判断能力

仿真软件提供的即时反馈让学生能及时了解自己的错误，并在教师的指导下理解错误的原因与后果。这种学习过程对于锤炼学生的判断能力和决策能力极为有益。

4. 安全意识与风险评估

通过仿真软件进行的实训使学生在模拟环境中意识到操作的安全规范和潜在风险，为他们将来在工作中遵循正确的安全操作程序奠定基础。

5. 综合应用能力

在面对不同维修场景和故障点时，学生需要综合运用所学的知识和技能，仿真技术为这种跨领域应用提供了实践平台，使学生能够在更广阔的背景下运用其技术技能。

因而，仿真技术的运用不只限于单一技能的训练，而是提升学生的全面技能水平，包括技术操作、问题分析、安全管理等多方面。在中等职业教育中，这项技术的应用正变得越来越广泛，因其能够有效增加学生的实操经验，同时缩短理论知识向实际操作技能转化的时间。

二、仿真平台在汽车日常养护实训中的应用

（一）养护实训课程设计的专业要点

在基于虚拟仿真技术的探究式教学模式中，仿真平台在汽车日常养护实训中扮演了极为关键的角色。将此技术应用于养护实训课程设计，需要关注一系列专

业要点，以确保学生能够通过虚拟实训获得与现实操作相媲美的学习体验。

课程设计应体现汽车养护的全面性，覆盖汽车运作各个系统的养护要点。从发动机管理、润滑系统，到刹车系统、排放系统等，每个板块都需以高度精确性展现日常养护的步骤和技巧。在模块化教育内容的同时，课程设计需确保学习者能够透彻了解日常养护的科学依据与操作细节。

课程必须结合理论教学与实践操作，以场景化学习的方式进行。仿真平台上的虚拟实训环境需刻画真实的车间场景，让学生在类似真实工作环境中进行养护操作，包括但不限于更换机油、轮胎检查与维护、电瓶养护等。

针对汽车养护的特点，课程设计还须强调预防性维护理念。通过仿真平台，学生能够学习到定期检查和维护如何能有效地预防故障和延长汽车寿命，以及不当养护可能导致的问题。另外，必须考虑到各个技能水平学生的需求，课程设计中要融入逐步提升难度的环节。刚入门的学生可以从基本的视觉检查学起，随着实训深入，逐渐过渡到更为复杂的诊断和养护操作，确保每位学生都能在自己的节奏下逐步提升养护技术水平。

评估和反馈机制是课程设计中的重要组成部分。仿真平台需能够根据学生的操作自动给出即时反馈，教师则可以通过这些反馈及时调整教学方案和策略，指导学生如何改进。通过虚拟维修结果与理想标准的对比，学生能够形成自我评价的能力并在实训中不断进步。

（二）虚拟仿真与实际操作技能的关联分析

虚拟仿真在汽车日常养护实训中的有效应用，涉及了技术教学的多元层面。该平台的独特之处在于其能够模拟真实世界的维修环境，并提供一个无风险的操作空间，使学生能够深化对汽车日常养护操作技能的理解和掌握。

通过对虚拟仿真环境与实际操作技能的紧密联系进行分析，可以发现它们之间构成了互补的关系。仿真平台提供的是一个详尽的汽车养护流程和各种潜在问题的再现，这使得学生能够无需借助实体车辆就能甄别养护中的关键步骤。学生在这些模拟场景中练习，仿真系统对他们的操作进行实时评判和反馈，这种环境不仅帮助学生消化理论知识，更促使他们主动探索和解决问题。

仿真技术与实际操作技能的协同进步体现在，学生通过在虚拟环境中的反复练习，其手的灵巧度、工具的使用效率以及维修步骤的熟练程度都显著提升。这种提升虽发生在虚拟环境中，但所获得的经验和自信能够直接转化为真实维修情境中的专业能力。此外，虚拟仿真在提高操作技能上优于传统教育方法的另一方面是：它能够提供大量不同类型的车辆和故障模型供学生练手，从而在没有实车资源限制的情况下，扩宽学生的技能面。仿真技术作为现代教育工具之一，在汽修专业教育应用上的优势，已成为专业技能培养中不可或缺的一部分。

进一步探讨仿真技术与实操技能之间的关系，明显的趋势是以仿真作为实际操作的预演和补充。学生在虚拟环境下所掌握的每项养护技能，加之在真实车间实习中的体验，共同促成他们汽车养护能力的全面发展。虚拟仿真与实际操作技能的结合为汽车教育提供了一个高效的双轨培养模式。学生不仅能在虚拟平台上迅速积累经验，而且能在实车实习中迅速将此技能实践和验证，提高其职业就业的竞争力。正因如此，仿真平台已经成为现代汽车养护教育的一个重要组成部分，对提高教育效果和学生的就业成果发挥了积极作用。

（三）仿真技术在教学评价中的应用原则

在采用虚拟仿真技术进行汽车日常养护实训的过程中，该技术在教学评价领域的应用是提高教学质量的关键因素。应用仿真技术进行评价时应遵循特定原则，以确保评价过程的公正、准确和有效。评价原则要求教学过程中每一步骤的执行都应受到监控与评估。仿真软件可以记录学生在模拟环境中的操作数据，包括操作的速度、精准度以及方法的正确性，通过数据分析确保评价的客观性和精确性。

评价中的即时反馈原则使学生能够快速认识到自己的操作不足，并在实践中即时修改。系统提供的反馈需具体明确，既指出具体错误，也强调正确操作，同时，评价系统应当鼓励学生的自我反思，培养其自我纠正和学习的能力。同时，仿真技术在教学评价中需体现教学内容的系统性和连贯性，指导学生建立知识体系中不同部分之间的联系。从简单的日常维护操作至复杂的故障诊断流程，评价系统须对学生的整体能力和各个环节的掌握程度进行综合衡量。

评价结果的透明性原则强调评价过程和结果对学生的公开，并鼓励师生间的互动交流。通过与学生共享评价数据，教师与学生能以此为基础，进行更具建设性的讨论，共同探索提升技能与知识掌握的途径。

三、软件系统平台的其他优势

（一）软件平台对提升课程体验的技术支持

虚拟仿真技术的引入为传统的汽修课程带来了一系列革命性的改进，这种技术支持在多方面显著提升了课程体验。通过仿真软件平台的应用，教育者和学习者都能感受到教学互动性和参与度的显著增强。

软件平台通过提供具有沉浸感的三维模拟接口为学生创造了一个逼真的汽车维修环境。这种环境不仅拓展了学生的视觉体验，还模拟了实车维修中的触觉和听觉感受，使得学习过程更为生动，加深了学习印象。

利用先进的仿真技术，软件平台能够精确模拟汽车养护中的各种细节变化，如液压系统的压力变化、发动机温度的升高等，这种模拟不仅增强了课程的专业性，也加深了学生对汽车运作原理的理解。仿真平台的交互设计允许学生主动探索和操作，而不是被动接收知识。学生可以通过点击、拖拽等动作与模拟环境互动，反复练习特定技能，从错误中学习，而不用担心实际操作中可能造成的损失。

此外，软件系统平台内置的智能评估工具可以自动记录学生的操作轨迹和成绩，提供及时反馈。这些评估工具帮助学生即刻认出操作中的不足，促进他们逐步提高操作准确性和效率。软件平台的灵活性也是其优势之一。课程内容和模拟维修任务可以根据最新的技术进步或教学要求进行更新，确保教学内容始终保持时代的先进性。

（二）教育技术在提高教学效率中的作用

通过软件系统平台，教育者能够创建个性化的学习路径，适应不同学生的学习速度和风格。仿真技术能够识别学生的学习进展，自动调整难度和内容，从而保证每位学生都能根据自己的节奏充分吸收新知识。此技术还支持节约教育资源。传统的汽车维修教学往往需要大量的实车和零件，而软件系统平台可以通过高度真实的模拟减少这些物理资源的需求。学生能在虚拟环境中进行无限次数的练习，而不会消耗实际的材料，减少了教学成本。

软件平台还增加了可视化教学材料的使用，直观展示复杂的机械构造和维修过程。相比于传统的教科书和静态图像，动态模拟和三维视图使学生更容易理解复杂概念，提高了学习效率。仿真技术还有助于集中授课时间，在一定程度上替代了部分实体课程。学生可以在课堂外通过虚拟仿真平台进行自主学习，释放了教育者的时间，使他们能专注于策划更富有洞察力的教学活动，或是对个别学生提供更深入的个性化辅导。最后，技术在教学效率提升方面还体现在对学习成果的评估上。软件系统平台能提供快速、准确的评测结果，无须耗费教师大量时间进行手动评分，使得学生和教师都能及时了解学习进度，及早做出调整。

（三）中职教育中虚拟仿真技术的扩展应用

虚拟仿真技术使得跨学科教学变得可能，整合了计算机科学、工程图学、自动化技术等领域知识，为学生提供了一个多元化学习的环境。在这样的综合性学习平台上，学生不仅可以学习汽车修理技术，还能获得其他相关专业知识，促进了知识的综合应用和跨学科思维的培养。

此技术的应用还为远程教育提供了可行途径。通过网络传输，虚拟仿真系统可以为地域偏远的学生带去同等质量的教学资源。学生无须亲自到校上课，便可在家中通过虚拟仿真软件获得实训体验，这在扩大教育覆盖面、提高教育公平性方面具有重要意义。

与此同时，仿真技术支持了教学内容的持续更新和扩充。随着汽车行业的快速发展，新的技术和新的维修方法不断涌现。通过虚拟仿真软件，教学内容可以迅速更新，保证教育与行业的同步，使学生的技能和知识能够跟上时代的步伐。

还有，仿真技术为学生提供了从事创新实验和科研项目的平台。在虚拟环境里，学生可以自由尝试各种设计和改装，不受物理条件的限制进行创新性操作，这对于激发学生的创新精神和实践能力极为有利。

最后，虚拟仿真技术的应用还支持了职业生涯规划和辅导。学生可以在仿真系统中接触到汽车行业的各个方面，通过实训了解自己的兴趣和优势，为将来的职业选择和发展做出更明智的规划。

四、规划组建仿真实训室

（一）仿真实训室的基础设施要求

规划和组建一个功能齐全的仿真实训室对于基于虚拟仿真技术的探究式教学模式至关重要。仿真实训室需要配备一系列基础设施，以支持高效和专业的学习环境。首要的基础设施要求是高性能的计算机系统。这些计算机需要有足够的处理能力和显卡性能，以流畅运行复杂的仿真软件。大容量的内存和快速处理器都是确保软件运转无延迟、提供真实用户体验的必要条件。实训室应该配备大尺寸、高分辨率的显示屏幕。这不仅可以提供清晰的视觉效果，以细致展现汽车组件和故障诊断过程，还可以使整个学习体验更具沉浸感，提高学习效果。此外，合适的网络设施也是仿真实训室不可或缺的一环。稳定高速的网络连接保证了软件更新、远程访问和数据同步的流畅，对于拓宽教学资源和跨地域教学合作具有重要意义。

仿真实训室中还应配备先进的教学平台和管理系统，这些系统能跟踪和评估学生的学习进度和表现，为教师提供辅助工具，高效管理和安排教学活动。另外，为了保障学生和设备的安全，仿真实训室的基础建设还包括稳定的电力供应、防火系统以及各种安全防护措施。

（二）创建符合教学需求的仿真实训环境

为了有效地应用虚拟仿真技术于探究式教学模式，规划并组建一个符合教学需求的仿真实训环境是至关重要的。这样的环境需精心设计，以满足不同层次的教育目标，并提供一个稳定、综合的学习平台给学生和教师。

创造符合教学需求的仿真实训环境首先需要综合考虑课程目标和学生的学习需求。仿真实训环境应包含多种模块，每个模块旨在针对特定的技能和知识点提供训练，从而确保软件的内容与教学大纲同步。环境的构建还涉及仿真软件的选择与配置。选择的软件必须具有高度的逼真度，能够模拟真实的汽车修理场景，包含各类车型的详细构造和常见故障案例。同时，软件应易于使用，拥有直观的用户界面，以确保学生可以快速上手，并专注于学习而非技术操作。

仿真实训环境必须具备适宜的教学辅助体系，如多媒体教学资源、在线知识库及操作指南，提供富有深度的教材内容和实时辅助，以帮助学生在理解复杂概念和操作过程中获得支持。互动性也是创建符合教学需求的仿真环境中的一个关键因素。可以通过投影仪、触摸屏和虚拟现实头盔等设备，提高学生的参与度，让他们能够以多个角度观察和分析问题，进行协作学习。在确保仿真软件的教学内容和功能与教育目标相匹配的同时，还需考虑到环境的灵活性和可扩展性。因技术进步和课程更新可能导致教学需求变化，因此仿真实训环境应能容易地进行技术升级或模块添加，以维护其长期的适用性。

第三节　中职学生利用虚拟仿真软件开展实训的思考

未来的信息化可能也是教育的必然，信息化可能会更多体现于线上教学辅助线下教学的一种模式，但它不可能取代线下教学，更多作为一种辅助形式呈现。现在越来越提倡远程学习、自主学习，提供更多专题性、补充性的资源。基于数据的精准学习、混合现实、虚拟仿真将实现真正的大规模的个性化教学，发现差异，尊重差异，实现个性化学习、差异化教育。

一、深化、丰富计算机虚拟实训技术应用

（一）虚拟实训与学生专业能力发展的关系

虚拟实训为学生提供了一个模拟的职业环境，让学生可以在安全无风险的条件下，进行专业技能的学习和操作练习。与传统的实体训练相比，这种训练方式减少了对昂贵设备的需求和潜在的安全风险。更重要的是，它为学生提供了一个可以重复练习的机会，直到他们完全掌握了操作技能。

通过虚拟实训，学生的专业能力发展不再受限于实体培训环境的物理条件和资源限制。虚拟实训技术使教育机构能够模拟现实世界中的各种情境和故障案例，提供了多样化的学习资源。这种综合性的技能训练有助于学生形成对专业知识的全面理解，由此提高他们解决实际问题的能力。

通过虚拟实训，学生可以学习到如何在变化多端的工作环境中应用他们的知识和技能。例如，汽车维修专业的学生可以利用虚拟仿真软件学习最新的车型信息、独特的维修技巧，甚至可以进行诊断故障的实践操作，所有这些都是在真实工作场景中极为关键的技能。此外，虚拟实训也为学生提供了自主学习的机会。在虚拟环境中，学生可以根据自己的学习节奏探索不同的操作方法，通过实验来验证理论知识，这种学习模式鼓励学生发展批判性思维和解决问题的能力。

（二）虚拟实训技术在课程中的集成策略

在集成计算机虚拟实训技术到中职教学课程的策略中，我们需从教学理论、技术能力匹配以及行业标准三个方面来入手。制定这样的集成策略，首先要基于教育心理学和认知科学原理，了解中职学生的学习特点和需求，以促进他们的认知发展和技能建构。

技术能力匹配方面，应对虚拟实训软件进行深度定制，使其能精确模拟特定行业内的操作环境和工作流程，同时包含对学生定向技能培养的模块。这包括了对软件的功能需求明确，学习路径个性化设计，以及专业技能细分模块的精细化

搭建。

结合行业标准，课程集成策略应当紧密跟随专业领域内的最新发展，同时，还须和行业内企业进行紧密合作，以确保教学内容的及时更新和实践的针对性。例如，可以定期邀请行业专家进入课堂，针对虚拟实训内容提供专业指导和评价，确保教学内容的前沿性和应用性。

在实施课程集成策略时，应重视对教师专业发展的投入，包括持续的技术培训和教学方法指导，确保教师能够有效地运用虚拟仿真技术进行教学。同时，应通过模拟真实工作场景中的问题解决过程，强化学生的临场应变能力和批判性思维。

在评估学生学习成果时，除了传统的理论和实践考核外，教师应运用虚拟实训软件提供的数据分析工具，对学生的操作过程进行定量评估。通过数据反馈，可以调整教学策略，实现精准教学和个性化辅导。最后，为了让虚拟仿真技术与课程无缝地集成并发挥应有的效果，还需设计具有挑战性的虚拟项目，让学生可以在模拟的工作环境中进行跨学科的综合实践，不断优化学习方案，最终提高学生的综合职业能力。

二、虚拟仿真软件不能完全替代实训

（一）理论学习与虚拟仿真的专业对接

理论知识是专业能力的基础，而虚拟仿真软件提供了一个将理论与实践紧密结合的平台。理论学习与虚拟仿真的专业对接确保了学生能在理解理论的同时获得直观的实操体验。虚拟仿真能够展示复杂机械的三维模型、操作过程及其原理，帮助学生形成空间认知，并加深对机械结构和工作原理的理解。例如，汽车发动机组件的拆卸和组装过程在虚拟仿真中可以步骤清晰地展现，学生能够在操作中看到每一步骤的理论依据和实际影响，从而理解操作的科学性和精确性。这种对接方式优化了传统理论教学难以提供的视觉和操作上的直观感受，提高了教学效率。

（二）实训与仿真训练在技能传授中的互补作用

实训与仿真训练在技能传授中扮演了互补的角色。实训，尤其是在现场实际操作中，学生能够体验到实际工作中的材料质感、操作力度和工具使用等细节，这些是虚拟环境难以完全复制的。现场实训对于学生熟悉真实工作环境、培养故障诊断和应急处理能力极为关键。与之相辅，虚拟仿真训练则提供了一个无风险、成本低廉的学习环境，学生可以在这里进行无限次数的练习，尝试不同的解决方案，没有材料成本和安全隐患的顾虑。它还能模拟现实中难以构造的情景，如罕见的故障诊断，为学生提供广泛的学习机会。

（三）虚拟仿真与现场操作在教学中的权衡

在教学过程中，如何在虚拟仿真与现场操作之间取得平衡是一个需要细致考量的问题。虚拟仿真软件优化了学习过程，降低了教育的门槛，但它缺乏现场实训的直接感受和经验累积。在某些专业领域，如汽车维修，航空维护等，现场操作的技能至关重要，且有些细微的技能点和问题判断只能通过实际操作经验来获得。教学中需要对学习目标、学生的实际需求和专业特点进行评估，以确定虚拟仿真和现场操作的比例和阶段。在初级阶段大量使用虚拟仿真软件帮助学生建立基本概念和操作流程，随后逐渐过渡到实物操作，增强技能的实践性和工作的适应性。

三、虚拟实训软件应用中师资的配备与培训

虚拟仿真技术的快速发展对教师提出了新的挑战，尤其是在技术熟练度和教学方法上的创新。因此，师资的配备与培训需要针对性地设计，以促进教师专业发展与虚拟仿真技术的有效融合。

首先，教育机构须认识到虚拟仿真技术融入教学的重要性，并将其作为师资培训的一个重点。这要求教师不仅要掌握传统的教学技能和专业知识，还要具备操作和指导学生使用虚拟仿真软件的能力。因此，教师的继续教育和专业发展计划中应包含虚拟仿真技术的培训模块，使教师能够理解和利用这些工具来提升教

学与学习效果。

在中职教育中，教师在进行虚拟仿真技术培训时，需要掌握一系列核心技能。虚拟实训环境的设置与管理：教师应学习如何高效地设置和维护一个虚拟实训环境。包括硬件选择（如计算机配置、显示设备和互动工具）和软件部署。此外，他们需要掌握对环境进行定期更新和升级的技术，确保仿真软件与教学需求和行业标准保持同步。管理层面则涵盖了用户访问控制、数据备份和恢复、以及软件许可管理等方面。

仿真软件的操作流程：教师必须熟练掌握软件的各项操作，包括创建和修改实训模块、调整仿真参数、导入学习材料等。这也包括对软件的高级功能，如虚拟现实（VR）或增强现实（AR）技术的应用，进行深入理解。培训应涵盖如何设计和构建符合教学目的的仿真场景。教师应学习根据课程内容开发出具体的任务和活动，模拟行业中遇到的典型问题或挑战，以此提高学生的实际工作经验。教师还需要了解如何使用虚拟仿真软件所提供的分析工具来评估和跟踪学生的工作。这包括对学生的操作数据进行监控、分析，以及如何根据分析结果提供个性化的反馈和指导。

在教学理论结合的培训方面，教师需要了解并应用现代的教学理念，与虚拟仿真技术相结合，来提升教学效果。教师应掌握如何利用虚拟仿真软件支持基于探究的学习环境，鼓励学生自主发现问题、提出疑问，通过实验和研究来寻找答案，同时培养学生的批判性思维和解决问题的能力。教师应学习如何使用虚拟仿真软件促进差异化教学，满足不同学习能力、兴趣和学习风格的学生的需求。包括定制个性化的学习路径和调整仿真环境的复杂度。借助虚拟仿真技术，教师可以将传统课堂教学与在线学习结合起来，提供一种更加灵活和高效的学习方式。培训内容包括设计混合学习计划、利用在线平台进行学习管理和协作。

为了更好地转化理论为实践，培训形式应包含工作坊、讲座、同伴学习和在线课程等。工作坊可以提供实际操作机会，讲座则提供理论和软件更新知识，而同伴学习和在线课程则提供持续学习和实时反馈的平台。这些多元化的培训途径能帮助教师全方位地理解和应用虚拟仿真技术于教育实践中。通过专业的培训，教师们将能以更加专业和有信心的态度，在课堂上运用虚拟仿真技术，以满足中职教育中不断增长的技术和教育需求。需要注意的是，教师的技术培训并不应该是一次性的活动，而应是一个持续的过程。随着技术的更新和教学模式的演进，教师需要定期接受进修，以确保他们的技能和知识与时俱进。

四、仿真效果与软件操作性

（一）提升仿真软件准确度与真实感的技术考量

为了增强仿真软件的准确度和真实感，需要考虑以下技术要素：一是使用先进的图形处理技术，如实时渲染引擎，能够提供逼真的视觉效果，帮助学生更好地理解复杂的机械结构和动态过程。二是合理的物理算法可以确保机械运动、碰撞检测、质量和力的计算与现实世界相符，提升操作的真实感。三是简洁直观的用户界面设计可以使学生更容易地操作软件，而无须投入大量时间去学习如何使用软件本身。四是集成声音、触觉反馈（如使用触感手套）等多种感官体验可以使虚拟环境更加生动，提高仿真的真实度。五是软件应允许教师根据教学需求定制仿真场景，以及允许学生根据个人的学习进度调整难度。六是结合行业数据和真实案例可以确保仿真软件中模拟的情景准确反映实际工作条件和可能遇到的问题。

（二）仿真结果与实际操作差异的评估和校准

虚拟仿真与现场实训之间存在差异，因此，需要对差异内容进行具体的评估和校准。一是通过将仿真的结果与行业标准和最佳实践进行对照，可以评估仿真的准确性，指导学生达到专业操作水平。二是通过对比学生在现场实训和虚拟仿真中的表现，可以识别两者间的差异，以调整仿真软件的参数，或是修正教学策略。三是在仿真训练后，安排教师或行业专家提供反馈，可以帮助学生理解虚拟操作与实际情境中可能存在的差别。四是随着技术的发展和新的行业标准的建立，仿真软件需要定期更新和校准，以确保其反映的是当前最准确和最高效的操作方法。

五、今后深入研究及推广方面的问题

（一）推广虚拟仿真实训的策略与挑战

在未来推广虚拟仿真实训方面，我们将面临一系列挑战，并需要深入研究和精心策划应对策略，以确保这项技术能够在中职教育中得到有效应用和普及。面对的潜在问题包括但不限于技术适应性、资金投入、师资培训、学生接受度以及行业协同。由于仿真技术发展迅速，必须确保所采用的软件可以持续地反映出行业内最新的发展动态，同时也须有足够的资金支持以购置和维护所需的硬件设备。师资培训是推广的另一大挑战，教师不仅要学习操作新技术，还要将其有效整合到教学中，这一过程可能既耗时又复杂。此外，学生对新技术的接受度和适应能力也是未知因素，可能会影响虚拟仿真实训的教学效果。

为了应对这些挑战，我们需要跟踪最新的技术进展，并定期审视和更新仿真软件，以保持课程内容的相关性。在资金方面，可以探索政府补贴、行业合作投资或其他创新融资模式，以确保教育机构能够承担技术成本。同时，需要设计全面而系统的师资培训计划，提供持续的专业支持，并鼓励教师之间的交流和协作，加快技术应用技能的传播。为了提高学生的接受度，可以采取逐步引入技术、提供导向性学习材料以及强化技术使用的实际价值等方式，帮助学生克服使用障碍，提升学习积极性。最后，需要与行业紧密合作，确保教学内容与实际职场需求保持一致，包括与企业建立实习基地，共同开发课程，甚至让行业专家参与课程设计和教学，加强学生的职业技能和知识。

（二）建立全面评估机制，持续提升虚拟仿真教学的质量

为提升中职汽修专业虚拟仿真教学质量，评估机制需围绕汽修专业特点量身定制。针对汽修专业的特定知识和技能设定评估指标，如发动机拆装、故障诊断、零部件识别等，并根据教学目标设计评价系统。通过虚拟仿真软件捕捉学生的操作流程，记录关键步骤的执行情况，确保按照汽修实务标准执行操作。对比虚拟

环境下的操作与物理环境下的操作差异，衡量学生在真实工作场景下的适应能力。根据学生在不同复杂性等级的仿真模拟中的表现进行分析，反映学生的技能逐级提升情况。

同时，结合理论测试和虚拟仿真中的应用，确保学生对汽修专业知识的深刻理解和准确应用。建立长期学习档案，记录学生在虚拟仿真实训中的进步轨迹，评估其技术熟练度的发展。利用仿真软件内置的评价工具收集学生操作数据，及时提供性能反馈，指导学生进行针对性练习。检验教师对虚拟仿真技术的掌握程度及其在教学中的应用能力，包括教学内容更新和技术故障处理。与行业专家和企业合作，定期更新评估标准和教学内容，保证与行业动态同步。依据学生在虚拟仿真实训中的表现，为其发放与汽修行业能力相匹配的认证，支持他们的职业发展。通过上述具体的评估内容，不仅可以有效监控和提升汽修虚拟仿真教学的整体质量，还能为学生即将投入的汽车维修行业就业提供坚实的技能支持。

｜第十章｜
基于工作过程的一体化教学模式

当下，在高等职业学校的学生普遍基础较差，学习主动性偏低，对学习缺乏兴趣。目前传统教学模式就是，上完理论课程，然后再上实践课，课堂上讲理论、实训室讲操作，难以达到真正意义上的理实一体化。因此，现在的高职学生很难适应这样的教学模式，降低老师的教学效率，学生的接受能力较差，最终就会造成理论学不懂、实操学不会，到了实习单位或用人单位又得重新培训，合格之后方可上岗。

第一节　工作过程导向思维的理论基础与价值

一体化教学模式是指"教、学、做"一体，在课堂上同时进行理论教学和实践教学，教、学、做互相交替进行，有机结合，边教边学边做。因而，在中职教学资源库开发的过程中，以一体化教学模式为基础，融合职业教育特色，建立"教、学、做"一体的课程教学资源体系标准，建设基于一体化教学模式的、能够适合实际教学需要的教学资源库，能够有效提升教学资源库的实用性。

一、工作过程导向思维的理论基础

（一）工作过程导向的起源与发展

关于工作过程导向的起源与发展，起初源自对传统教学方法的反思，特别是那些忽视了职业实际操作与工作场景的教育形式。自产业革命后，工作岗位越发细化与专业化，要求教育机构不仅教授理论知识，更需培养学生的具体操作能力。因此，工作过程导向作为一种教学理念逐渐兴起，其侧重于模拟职场真实环境，通过具体的工作任务带领学生学习必要的技能与知识。这一理念在各行各业尤其是技术与职业教育领域获得广泛应用，经历了从概念提出到教育实践及理论深化的发展过程。

（二）当前教育背景下的理论适用性

在当前教育背景下的理论适用性体现在如何针对不断变化的技术和市场需求，设计出符合现代职业教育标准的教学内容。当前，中职教育面临工业自动化和智能化转型的挑战，技术快速更新换代对汽修行业的从业者提出了新的要求。在此背景下，工作过程导向的教学模式通过模拟现代汽车维修中的典型工作过程，使教学内容与职场实际紧密结合。这样的教学模式旨在使学生能够更有效地链接理论知识与实际技能，快速适应并转化为汽车维修行业中急需的技术型人才。

（三）结合职业教育的理论创新

结合职业教育的理论创新是工作过程导向思想在理论层面的重要发展，该理念不断引入新的教育构想，以适应快速演变的职场需求。这种理论创新突出表现在几个关键方面。

首先，理论创新倾向于突破传统的知识传授和技能训练的界限，强调知识和技能的综合运用。这要求教育过程不仅涉及知识理解，还包含实践能力的形成。在过往的教学模式中，理论教学和实践操作往往是分开进行的，而结合职业教育的理论创新更注重在真实或模拟的工作环境中进行综合培训，以接近实际工作的方式培养学生的职业技能。

其次，理论创新强调反思性学习的重要性，即学生通过反思实践活动来改进学习方法和理解深度。这种教学理念促进学生自主学习、批判性思维和终身学习能力的发展，使得学生能够在完成具体任务的同时，提升解决问题和创新能力。

再次，理论创新主张职业教育要与行业发展同步，不断更新教学内容和方法。汽修行业的快速发展，特别是新能源汽车和智能化技术的兴起，要求职业教育理论要反映这些新技术的特点和要求。因此，理论创新不断整合最新的行业知识，确保教育与实际工作的紧密对接。

最后，理论创新鼓励跨学科整合和合作教学。在中职汽修教学中，不仅需要汽车维修的技术知识，还需要物流管理、客户服务以及环境保护等相关领域的知识。理论创新倡导通过跨学科项目和协作学习，为学生提供全面的教育体验。

综上所述，将工作过程导向思维与职业教育的理论创新相结合，有助于形成一个整体的、有机的教育模式，此模式不只与行业界限保持同步发展，更能够培育出具备综合素养和创新能力的专业技术人才。这种教育革新将中职教育推向更高水平，为社会经济的发展做出贡献，并为学生的未来职业道路奠定坚实的基础。

二、工作过程导向思想的价值

（一）提高教学与实际工作的契合度

工作过程导向思维赋予教育理念以新的活力，尤其在提高教学与实际工作契合度的价值体现得尤为显著，这种契合度是评判职业教育效果的关键标准之一。

该思维通过深化学生成长的实际需求与工作过程的对接，确保教学活动不仅仅停留在理论传授的层面，更贴近企业和行业的实际需求。工作过程导向教学法将学生置于与真实工作环境相似的学习场景中，强调实践中的问题解决、技能运用和知识应用。

在操作上，这一思维倡导教学内容的选择和组织应基于工作过程的分析。教育者首先识别并解构职业活动中的关键任务和必需技能，然后根据这些信息设计教学计划和教材。举个例子，在中职汽修教育中，教师可能会根据汽车维修的实际工作流程，从接待客户、诊断故障、维修操作到服务结算每个环节制定相应的教学内容，确保学生能从整体上理解并掌握整个工作过程。此外，工作过程导向思想还强调教师与行业专家的紧密合作，让教学内容及时反映工业界的最新动态和技术升级。这种合作可以通过定期的行业培训、教师实习、企业讲座和技能竞赛等形式来实现，它为教育机构提供了更新教学内容的便捷途径，为学生提供了与行业前沿接轨的机会。

（二）强化学生的职业技能与专业态度

在现代社会，尤其是技术密集型行业，对从业者不仅有着熟练操作技能的期望，同时还期待其展现出专业的工作态度和持续学习的能力。以下是工作过程导向思想在强化学生职业技能与专业态度方面的具体价值。

首先，工作过程导向教学模式通过真实或接近真实的工作场景训练，让学生在学习期间就能够体验和理解职业岗位的实际工作内容和要求。这种教学模式要求学生在完成具体的、职业导向的任务中学习和应用所需技能，使他们在毕业后能够更快地适应工作环境，提升工作效率。其次，此模式促使学生了解并应对特定工作角色的预期和责任，同时也有利于培养正确的职业道德和职业行为规范。通过案例分析、团队合作以及项目管理等活动，学生不仅学习专业知识，还吸收并落实良好的职业习惯，例如准时性、责任心与解决问题的方法等。

工作过程导向教学强调持续反思和自我评价，鼓励学生自我监督学习进度和质量，从而使得学习过程更加自主与效果持久。学生通过参与模拟工作任务，不断磨炼自我的学习策略，学会如何动态适应变化、管理不确定性和解决复杂问题。最后，这种教学模式倡导学生的终身学习态度，透过实际操作中的挑战与反思，使学生认识到学习与成长是一个持续的过程。培养出具备自我更新能力的学生对于适应技术变革尤为重要，这也是工作过程导向教学最珍贵的教育理念之一。

（三）促进教育质量与行业需求的同步提升

工作过程导向思想深刻改变了职业教育的教学品质和行业需求之间的互动关系。这种思想确保教育体系与行业界发展同步，通过持续优化课程内容和教学方法，提升教育服务的实效性和相关性。

在教育内容上，工作过程导向注重真实工作任务的模拟，确保所学技能和知识直接对应职场实际。随着行业标准的升级与新技术的引入，教育内容得以实时更新，反映最新的职业实践。学生因此获得的知识是即时和适用的，赋予他们即刻投身工作的能力。

在教育手法上，工作过程导向提倡案例教学、模拟训练和实践项目，以构建积极主动的学习环境。这些方法强调学生的主体性，鼓励探索和创新，使教学过程成为学生积极参与和深度沉浸的过程。借助这种方式，学生不仅掌握现有知识和技能，还学会如何适应未来的变化和挑战。

在行业合作上，工作过程导向鼓励与企业共同开发课程，开展实习和工作对接。企业参与课程设计和评价过程，保证教育内容准确反映行业需求。这样的合作不仅提升了教育的针对性，还为学生提供了珍贵的行业接触机会，增强了其就业前景。

工作过程导向思想重塑了教育与行业之间的桥梁，为双方带来了共同提升的契机。教育质量因直接对接实际工作要求而增加其内在价值，行业需求同样得到精准满足，因教育培养出的人才更符合其实际需要。

第二节　基于工作过程的一体化教学模式的含义及特征

基于工作过程的"一体化"教学作为一种创新的教学模式，体现了中等职业教育的特色。基于工作过程的"一体化"教学试图在理论上和实践上突破中职教育中传统的"文化课—专业基础课—专业课—技能训练"的教学模式的框架。注重技能训练、理论联系实际，重视学生的创新精神和综合能力的培养。

一、一体化教学模式的含义

（一）一体化教学模式的基本构想

一体化教学模式的基本构想源于对传统教育与现代职业需求脱节问题的深度反思。这一模式的核心在于消弭知识传授与技能训练之间的界限，追求教育内容和职业实践的无缝融合。

一体化教学模式将理论知识的学习与实践技能的培养融为一体，使得每一个学习单元都紧扣职业场景。在这种模式中，学生不再是被动的知识接受者，而是通过参与模拟或实际的工作任务中主动构建知识体系和技能框架。例如，在中职汽修领域，学生可能会在修车工作站中学习发动机原理，紧接着便要通过实操来巩固和应用这些理论知识，这样的教学安排有效连接了课堂学习与职场实务。

教师在一体化教学模式中担任多重角色，既是知识的传授者，也是实践技能的引导者甚至是职业榜样。他们不仅提供知识框架，更设计真实案例、监督实验环节，并引导学生进行职业规划。通过这种多元化的指导，教育过程更加全面，学生最终的职业素养得以全方位提升。

一体化教学模式的核心在于确保每一项教学活动都与具体的职业能力标准和

工作过程紧密关联。通过这种方式，学生在完成教育阶段后能够迅速适应职场环境，具备立刻投入工作的能力和信心。这种教学思想在提高教育质量、满足行业需求以及培养职场即战力方面起到了关键的作用。

（二）整合知识与操作的教学理念

一体化教学模式中整合知识与操作的教学理念，致力于在教育实践中消除传统的教学隔阂，追求技术知识和操作技能的和谐统一。这一教学理念的实质是确保学生不仅仅掌握必要的理论知识，同时具备将这些知识应用于实际作业的技能。

在中职汽修教育中，这种理念体现在课程设计上要求教师围绕汽车维修的关键能力点，如诊断、维护、修理等，采用项目式学习方法，让学生在完成特定任务时，不但要理解其中的理论知识，还要实操掌握操作技能。通过这种方法，学生的学习变得更具有目的性和应用性。

整合知识与操作的教学不仅涉及技能的练习，也涉及问题解决的过程。学生在面对维修任务时，需要运用所学的知识去分析问题、制定解决方案，并执行具体操作。这个过程增强了理论与实践的联系，并具有实际工作的可转移性。

同时，整合知识与操作的教育模式推崇在实训过程中，培养学生的自主学习和创新思维能力。学生通过自己动手实践，不仅学习了如何修理汽车，还锻炼了独立寻找资源和解决新问题的能力。教育过程的这种方法使得学生在完成学业后，能立即融入并适应快速变化的职业环境，为自身的持续成长和职业发展奠定坚实基础。

（三）职业能力培养的核心目标

一体化教学模式强调以职业能力培养作为核心目标，此目标针对中等职业教育中学生技能与知识的全面发展，确立学生必须具备的职业技巧、知识理解以及工作态度。

这种模式认为职业能力不仅包括技术技能，还涵盖了解决复杂问题的能力、批判性思维以及良好沟通等非技术技能。教学不再仅仅关注于传授理论或单一的操作练习，而是注重技能的整体培养，意在打造适应快速变化职场的全能型人才。

在中职汽修领域，一体化教学模式优先考虑如何通过整合课堂学习和实训环节，加强对汽车维修技术、新能源设备知识以及现代诊断工具操作等关键职业能力的培育。此外，模式还包括对工作流程的理解、团队协作的经验积累、客户服务意识的形成等，这些全面的职业能力是学生步入未来职场成功的关键。

一体化教学模式追求学生在真实或接近真实的工作情境中学习与成长，使其在理解职场需求的同时，提升对工作重要性的认识和承诺。通过反复的实践和练习，学生能够在校期间就掌握独立完成图片对应工作的能力，并具备应对未来新问题的适应性和创新性，为生涯发展打下坚实基础。

二、一体化教学模式的特征

（一）教学内容与工作过程的高度整合

一体化教学模式具有教学内容与工作过程高度整合的特征。这意味着教学内容的设计和选择必须紧密反映实际工作中的具体环节和过程，从而确保学生所学知识和技能能够直接应用于职业实践。

在中职汽修专业的教学实施中，这种整合体现为教师不单独讲授理论知识，而是将知识点与实际工作任务相结合，如将汽车发动机组成和维修流程相融合，编制为一个综合性学习项目。教学材料和课堂活动均围绕着如何解决实际工作中的问题而构建，例如，学生可能会在模拟工作站学习并实践诊断发动机故障的全过程。此外，该模式下的教学安排要求评估学生的学习成果不仅仅是理论考试，实操能力的展示和评价同等重要。教学不是孤立的过程，而是完整模拟或直接反映实际汽车维修的环节，从接车、检测、维修到交付客户，每一部分都要求学生付诸实践。

这种特征的核心在于，通过模拟真实工作过程，提供一个平台让学生理解知识背后的工作原理和应用场景，进而培养出既知其然又知其所以然的技能型人才。这样的教学模式大大提升了毕业生的职业适应性和职场竞争力，满足了行业对新型专业人才的需求。

（二）学习活动的实践性与针对性

一体化教学模式的另一显著特征是学习活动的实践性与针对性，这确保了学生在理解理论的同时能够通过实践活动加以应用和验证。

实践性活动意味着教学过程不仅提供理论知识，而且要与技能训练和实际操作紧密结合。在中职汽修教育中，学生通过参与维修工作，如更换零件、诊断系统故障、进行定期维护等活动，不仅掌握了操作技能，也加深了对汽车机械工作原理的理解。实践环节不是作为补充，而是与理论学习同等重要的教学组成部分。

针对性活动则指教学内容和活动设计针对行业需求和学生职业生涯规划进行定制化。一体化教学模式通过与行业专家合作，确保教学标准与工作场所的实际要求一致。例如，根据汽修市场关于新能源汽车维修技能的需求，相应的教学模块会专注于这一新兴领域的专业知识和技术技能的传授。

（三）教育资源的系统化配置与应用

一体化教学模式中的教育资源系统化配置与应用特征强调了教学资源在整个教育过程中需要统筹规划和高效利用。这不仅包括了传统的教材和工具，也涉及现代化的教育技术和互联网资源，确保这些资源在教学活动中发挥最大效能。

在教育资源配置上，一体化教学模式倡导综合运用各种教学媒介和材料，包括但不限于教科书、在线课程、模拟软件、实习工位、工业设备等，形成覆盖理论学习和技能训练的全面教学环境。例如，中职汽修专业的教学中，可能结合虚拟现实（VR）技术来模拟维修场景，增强学生对复杂维修任务的理解和操作能力。

针对性表示教育资源的甄选和应用必须与教学目标和学生的职业发展需求紧密相连。这要求教育者精准识别行业趋势和技能要求，从而精选或开发符合这些需求的资源。在此过程中，学习活动不断优化，确保学习结果直接衔接学生未来的职业实践。此外，系统化的教育资源应用涉及到资源的持续性管理和更新。随着新技术和新知识的不断涌现，保持教育资源的时效性和前瞻性显得至关重要。这也意味着教育机构需要投入必要的维护和升级工作，确保所有教学资源都能反映最新的行业标准和技术进步。

第三节　一体化教学模式的实施条件

目前，随着市场经济和现代加工技术的发展，现代企业对中高级技术工人有了更新、更高的要求。既要有一定的理论知识，又要有很强的实际操作能力；既要能解决生产实际中的问题，又要有技术创新能力。为了能够培养出这样的中高级技术工人，适应我国现代企业发展，改变传统的教学模式，实行一体化教学模式势在必行。

一、转变传统的教学观念

（一）强调实践技能在中职汽修教学中的核心位置

为贯彻实施一体化教学模式，首要条件是根本性改革传统教学观念，重塑教育目标和内容。最为关键的一环是在中职汽修教学中，将实践技能的培养提升到核心地位。

中等职业教育中的汽车维修专业，教学模式传统上可能更偏重于理论知识的灌输。但在一体化教学模式下，必须调整这一偏向，确保实践技能教学占据主导。此举意味着学生将主要通过动手实践来学习和内化知识，这包括使用各类汽修工具、进行车辆故障诊断及执行维修操作。这种以技能为中心的教学不仅仅提高了学生对操作流程的熟悉度，还加深了对汽车系统工作原理的理解。

在课程设计中，理论教学与实操训练不再是相互独立的部分，而是互为补充，相互渗透。例如，当介绍发动机的工作原理时，理论讲解之后，学生应立即参与发动机拆解和组装的实操。这种教学方法使得知识点更加生动，也更易于学生吸收和记忆。实践技能的强调还要体现在考核体系上。学生的评价不应仅基于理论考试得分，而应以其在模拟或实际工作环境中的表现为主要标准。这要求教学计划中包含大量的实践环节，如实习、工作坊操作，以及模拟维修等，全面考核学生的职业技能水平。

（二）倡议案例教学法以增强课堂实际应用性

在落实一体化教学模式的各项实施条件中，对教学观念的转变至关重要，需贯彻到教学方法的各个方面。在中职汽修教育中，案例教学法的提倡是这种变革的体现之一，该方法显著提升了课堂教学的实际应用性。

案例教学法的优势在于其切实贴近实际工作场景，通过引入真实或构建的汽车维修案例，学生能够在理解理论的同时，学习如何将理论知识应用于解决具体问题。这种方法强化了学生的实践能力，使其在课堂上就能对专业知识有更深刻的理解和体验。

为了应用案例教学法，必须精心设计教学内容，确保每个案例都能反映汽车维修领域的实际需求和普遍问题。案例来源可以多样，包括但不限于历史维修记录、行业中的典型维修问题，或是与企业合作开发的实际项目。借助这些案例，学生不仅能掌握诊断故障的流程，还能开发出解决问题的创新方法。

在这一教学法下，教师的角色也由单纯的知识传递者转变为引导者和协调者。他们通过指导学生分析案例、讨论解决方案和反思修复过程，促进学生的批判性思维和协作能力。通过这样的过程，能够有效激励学生对汽修行业产生浓厚兴趣，并为未来职场中遇到的各种状况做好准备。

（三）融入故障诊断与解决的思维训练

在确立一体化教学模式的实施条件中，除了更新教学法和内容外，还需注重发展学生的故障诊断与解决能力。这不仅是技能的培训，更是对思维方式的塑造。

融入故障诊断与解决的思维训练，着重于培育学生分析故障、制定策略和执行解决方案的能力。该训练要求学生将理论知识与实际情况结合，动手操作中发现问题，运用批判性思考进行故障定位，并探索最有效的维修方法。这种思维训练，不仅应对汽修行业中的硬技能需求，而且锻炼了学生软技能，如逻辑推理、快速反应和决策能力。

在课程中，应当设置多样化的故障情景，模拟现场维修中可能遇到的复杂问题。这些情景包括常见问题的处理、新型技术的适应性挑战，乃至紧急情况下的应急处理能力等，旨在通过实践演练，使学生掌握全方位的故障诊断与解决技能。

为加深理解，教师应引导学生进行反思和总结，鼓励他们分享解决过程中的思考和决策，形成经验共享和知识积累。故障诊断与解决的思维训练对于提升学生的综合职业能力至关重要，它使学生能够独立应对复杂多变的工作环境，成为技术娴熟且能力全面的汽修专业人才。

（四）更新课程设计，同步汽车技术的最新发展

汽车行业的进步日新月异，从传统燃油车到电动车，再到自动驾驶和其他智

能技术，每一项创新都对汽修技术提出了新的要求。课程内容的更新不只是添加新的技术或工具，而是全面审视和调整课程结构，确保学生能学到最前沿的知识。

在课程设计过程中，不仅要包括新兴技术的理论知识，更要通过实操练习加强学生对这些技术的掌握。例如，电动车的维修课程不应只涉及电池知识的讲解，还应包含实际的电池维护和故障处理的实操环节；又或者随着固态电池的即将量产，需要对相关新的技术与知识进行同步。

更新课程设计还涉及教师教学方式的转变。教师需不断学习最新技术，以便将这些知识有效地传递给学生。此外，还包括与行业专家和企业合作，以确保教学内容的实用性和相关性。

教学评估方式也应与课程设计的更新同步。随着新技术的引入，评估学生的标准和方法也要相应调整，确保能全面衡量学生对新知识和新技能的掌握程度。

固然，更新课程设计是一个持续的过程，它要求教育机构对行业动态保持高度敏感，及时调整教学计划，以满足一体化教学模式的实施条件。通过这种持续的刷新和革新，中职汽修教育才能培养出既有坚实理论基础，又具备高技能操作能力，且能随时适应技术变化的优秀人才。

（五）鼓励创新思维，培养学生的问题解决能力

在一体化教学模式中，鼓励创新思维和培养学生解决问题的能力是实施条件之一。教育不仅要让学生掌握现有的知识和技能，更要激发他们的创造力，训练他们面对新问题时的应对和解决策略。

这一转变要求教育者放宽对学生思维的束缚，为他们提供一个自由探索和实验的学习环境。课程设计应该包括一系列鼓励创新的活动，比如项目制学习、设计思维研习室和创业实践等。这些活动可以促进学生综合运用和扩展他们从书本和实操中获得的知识。

解决问题的能力培养则要求学生在遇到难题时，能够独立思考，系统分析问题所在，并设计出可行的解决方案。在汽修领域，这意味着学生要学会诊断复杂的车辆故障，理解故障发生的机理，并能够选择或创新出合适的修复方法。

为了达成这些目标，教育机构需要从教材内容、教学方法到评价制度等方方面面进行改革。在课堂上，教师不再是单方面的知识提供者，而应当成为学生探索过程中的指导者和合作伙伴。而非标准化的评判标准，如开放式问题、案例分析和团队项目，更能促进学生主动学习和思考。

二、完善实训模式

（一）建立与汽车维修行业标准相对应的实训流程

在推进一体化教学模式的实施中，建立与汽车维修行业标准相应的实训流程关乎学生是否能够顺利过渡到职业岗位上，以及他们的专业能力是否得到市场的认可。具体来说，实训流程的构建要紧密跟随汽车维修行业的现行标准和最佳实践。这涉及实训课程的各个方面，从接待客户、诊断车辆故障，到拟定维修计划、执行维修工作，再到最后的质量检验和客户服务。每个步骤都需要根据行业规范来设置教学目标和内容，以确保学生的技能水平与职业需求相匹配。

为了实现这一点，教学机构和汽修企业之间的合作至关重要。通过校企合作，可以确保学校提供的实训内容不仅理论上正确，而且实践上可行。企业可以通过提供实习岗位、共享最新的维修技术和工作流程，帮助学校更好地构建实训流程。

同时，学校应投资于实训设施与设备，以模拟真实的工作环境。高质量的实训环境让学生有机会在接近实际的条件下进行学习，这对于他们掌握行业标准的维修流程和技术至关重要。此外，定期更新实训内容以适应技术变化，定期校正和维护实训设备，确保实训质量，都是实训模式完善过程中的关键环节。

最终，通过建立与汽车维修行业标准相对应的实训流程，学生将获得符合行业标准的实训经验，这将极大提高他们的就业竞争力和职业生涯的成功率。这正是实施一体化教学模式，完善实训模式所需达成的关键成果。

（二）设计适应新能源汽车与智能汽车技术的实训项目

为响应一体化教学模式的需求，完善实训模式不仅要包括基础的车辆维修技能，更要前瞻性地设计实训项目以顺应新能源汽车与智能汽车技术的发展。这是中职汽修教育与时俱进的表现，反映了对汽车行业趋势的敏感洞察和积极适应。

随着新能源汽车和智能汽车市场的迅速增长，相关的维修技术和知识成为汽修人员必需掌握的技能。因此，在实训模式中融入新能源和智能汽车的元素变得至关重要。适应这些先进技术，意味着教育者必须与行业专家合力开发出符合这些新兴领域标准的实训项目。

这类实训项目应全面覆盖从电池管理系统、高压电路安全操作，到混合动力车维护，以及智能汽车的软件编程和故障诊断等内容。通过这些专项训练，学生能在实训中深入理解新型汽车的工作原理和维修要求，熟悉它们独有的构造和技术特征。

具体的实训项目设计需要注重实操性，提供接近真实情境的模拟环境，并与实际车型和工具接轨。这可能包括投入先进的实训设备，如专为新能源和智能汽车设计的诊断仪，或建立模拟的充电站和智能车载系统的操作平台。

除了硬件投入，也需有相应的课程体系和教材支持，以及更新教师的专业知识和技术能力。通过这些综合措施，确保实训项目不仅在技术上精准适应行业发展，而且在教学效果上能提升学生的综合职业能力，让他们为未来的汽车技术革新做好准备。这是中职汽修教育完善实训模式、实施一体化教学重要内容。

（三）引入模块化教学法以增强技能训练的针对性

模块化教学法将汽修专业的知识和技能细分为一个个独立的学习单元或模块，每个模块都聚焦特定的技能或理论概念。例如，可以设立发动机维修、电子系统故障诊断、新能源汽车技术、车身修复等独立模块。每个模块都引导学生系统性学习特定领域的专业知识，并通过实训加深技能掌握。

这种教学方法的优势在于它能更加高效地帮助学生针对性地掌握各项技能，并易于按需调整教学内容，以适应行业的变化和学生的个别差异。通过模块化布局，学生能够在短时间内集中精力攻克一个技能点，然后再平滑过渡到下一个技能点。

在实训过程中，模块化的应用让学生能够对自己的学习路径有更清晰的认识，有效地规划他们的教育发展。每个模块完成后，学生可以通过实际操作来验证学习成果，如完成一次完整的车辆检测，或修复一项特定的技术故障，这种成就感和自信的建立是学习动力的重要源泉。

模块化教学法在评估学生的技能掌握上也具有优势。每个模块都可以设有标准化的评价系统，确保学生在进入下一个学习阶段前能达到要求的技能水平。这样的系统评价，不但可以保证教学质量，还能够提供针对性的反馈和改进建议。

（四）配置先进的汽车诊断工具训练设备

中职汽修专业的实训模式完善中，配置先进的汽车诊断工具训练设备是实现目标的关键环节。随着汽车技术的不断进步，高效、精准的诊断工具成为当今汽车维修领域不可或缺的部分。因此，为学生提供这些现代化工具的操作训练，对于他们能否满足未来工作需求至关重要。

配备先进工具不只是为了让学生跟上技术潮流，更是为了让他们在安全的学习环境中获取实际操作经验。例如，最新的 OBD（On-Board Diagnostics，车载自诊系统）扫描工具、多功能电路测试仪、动态数据流分析软件等，都应成为实训室的标准装备。通过使用这些工具，学生可以学习如何读取车辆电脑系统的故障代码，进行电气和传感器的故障分析，以及掌握高科技车辆的复杂故障诊断。

此外，先进的虚拟仿真训练系统也是现代教育工具的一部分。它们能够提供一个无风险的模拟环境，让学生能够在不同的虚拟故障场景中尝试诊断和维修，加强理论与实践的结合，提升故障判断和处理的能力。

实训设备的更新应与行业发展保持同步，以确保学生掌握的技能与时俱进。教育机构需要定期评估并引进市场上最新的诊断工具和其他相关技术，保持实训设施的现代化。同时，也需要为教师提供足够的培训，确保他们能够熟练操作这些设备，并有效地把相关技能传授给学生。

（五）实训内容的持续更新，保证技术前沿性

实训内容更新不仅涉及教学材料的革新，还应包括教学方法和实训设施的现代化。在新材料方面，教育机构必须及时引入新技术的相关知识点，如电动车和混合动力车的电气系统、智能汽车的信息技术集成等。课程内容应该反映最新的汽车设计理念、维修技巧和诊断程序。

在确保技术前沿性的同时，教学方法也应与时俱进，融入更多互动性和参与性的学习方式，如协作学习、问题基础学习（PBL）等，这些都能提高学生解决

实际问题的能力。同时，必须确保实训设施能够支持新课程内容的教学需求，例如，拥有充分模拟现代汽车修理场景的设备和工具。

持续的更新还要求校方与业界保持密切的沟通，及时获取行业发展的最新信息，并根据这些信息调整教学计划。此外，定期邀请行业专家来校交流，进行讲座或研讨会，也能帮助学生和教师获取最前沿的知识。

为了落实持续更新，学校可能需要设立专门的团队来监察技术动态，并负责更新教学内容。教师的专业发展也不能忽视，应持续提供培训机会，以确保他们能够掌握并教授最新技术。

三、建设师资团队

（一）确保教师具备当前汽车维修技术的专业知识

任何时候，教师都应是学科知识的行家里手，尤其在汽车技术迅速发展的今天，这一点显得尤为重要。他们应熟悉最新的汽车结构、电子系统、诊断工具以及维修技法，包括但不限于传统燃油车的机械维修，以及电动车、混合动力车、自动驾驶技术等新兴领域的专业知识和技能。

教育部门应根据行业动态来规划和实施教师发展项目，比如安排行业专家举办的研讨会、技术研修课程，甚至在企业实际工作环境中进行的现场培训。通过这些方式，教师能够及时获得行业更新，使自己的知识水平与行业实际保持同步。

此外，引进具有实际工作经验的行业专家加入教师团队，也是提升教师专业知识的一种方式。这些专家能带来最新的市场与技术见解，为整个教学团队注入新鲜血液，并通过他们的实践经验丰富教学内容。简而言之，师资团队的专业知识水平直接影响到教学质量和学生的学习效果。确保教师拥有当前汽车维修技术的专业知识不仅是教育质量的保证，也是一体化教学模式得以成功实施的前提。通过这种方式，建设优质师资团队成为一体化教学理念中不可或缺的重要组成部分。

（二）强化教师的信息技术教学能力

在实施一体化教学模式的过程中，除了确保教师掌握专业的汽车维修技术外，还需要强化教师的信息技术教学能力。在当今数字化时代，汽车维修领域越来越多地依赖于高科技和信息系统，因此教师需要具备利用信息技术进行教学的能力，以提高教学效率和学生的学习体验。

信息技术教学能力的强化，主要包括以下几个方面：

首先，教师需熟悉各种现代化教学工具和平台，如在线学习管理系统（LMS）、交互式白板、学习应用程序和虚拟实验室等。这些工具可以帮助教师有效地组织和管理课堂活动，实现个性化教学和资源共享。

其次，教师应能够利用信息技术进行课程内容的创新和多媒体教学材料的开发，比如教学视频、动画和模拟练习。这种形式的内容更易吸引学生的注意力，并且可以帮助他们更好地理解复杂的概念和流程。

再次，信息技术的运用还能促进教师与学生之间以及学生之间的互动交流。利用在线论坛、即时消息工具和协作软件，增强学生的交流和讨论，可以提升他们解决问题的能力，并激发创新思维。

最后，随着车辆诊断和服务工作的数字化，教师还需要掌握相关汽车信息系统、诊断软件的操作和教学方法，以确保学生能够适应未来的工作环境。

强化教师的信息技术教学能力不仅可以加深学生对汽车技术的理解，还对提升他们的信息素养和适应未来教育技术发展趋势具有重要意义。通过不断提升教师在这一领域的能力，既能强化教育团队的整体实力，也为学生的全面发展打下坚实基础。

（三）教师实训指导技巧的定期培训与考核

定期培训的目标在于使教师们能够掌握最新的实训教学理论及方法，更新他们的技能传授方式，并加深他们对实训项目的理解。这样的培训通常包含如何设计实训课程、如何创建针对性的教学计划、学生动手操作时的风险预防与管理，以及如何评估和反馈学生的实训表现等内容。

在实训指导技巧的培训中，教师将学会如何利用案例分析、模拟维修、组队合作和角色扮演等多样化的教学方法提高教学质量。同时，培训也会加强教师对于实训设施的熟悉度，确保他们能够充分利用教学资源，为学生创造一个贴近实际工作情境的学习环境。考核则是培训成效的检验，它不仅衡量教师是否掌握了培训内容，还评价其将所学应用于实际教学中的能力。考核形式可以是教学演示、实训课程方案的提交评审，或者对学生实训效果的跟踪评价等。

（四）企业实践经验教师的引进与校内外定期轮训

一体化教学模式的推行，需要教师团队具备深厚的理论基础与丰富的实践经验。因此，建设师资团队的一个关键措施是引进具有企业实践经验的教师，并实行校内外定期轮训。

邀请具有行业实战经验的专家加入教师队伍，能直接将当前企业的最佳实践和现场经验传授给学生。这些教师通常对汽车维修流程、操作规范、以及与客户沟通等实战技巧有着深入了解。他们的加入，不仅能提升教学内容的实际应用性，并能切实提升学生的实战能力。

同时，为了保持教师技能的现代性和前瞻性，学校应与企业紧密合作，定期组织校内外轮训计划。通过这种方式，教师能参与真实工作环境，更新自己的技术知识、学习新兴技术和方法。校内轮训则可以通过不同专业领域的教师间的相互培训，交流教学心得，持续提高教学质量。

校内轮训和校外轮训相结合，既可促进教师之间的专业交流和技能传承，又能让教师团队紧跟行业步伐，密切联系实际生产需求。通过校企合作，可以确保教育与行业需求同步，提高教育的响应速度和适应能力。

（五）激励机制，鼓励教师参与教学法和教材的创新

激励机制应当涵盖多个层面，这包括但不限于职务晋升、薪酬奖励、职称评定、专业发展机会以及学术研究的支持等。为了有效地鼓励教师探索新的教学法和开发教材，学校或教育机构应当提供必要的资源、时间和支持，比如专项基金、研究休假和教材出版协助等。实施激励机制时，重视教师教学法创新的成果和效果，例如，通过实施教学改革和研究项目，提升教学实效和学生满意度的教师，可获得特别的认可和奖励。这种奖励不仅是物质上的，还包括为其提供更广阔的职业发展平台和公开表彰的机会。

对于参与教材创新的教师，学校应该对他们的智力劳动成果给予版权保护，并在可能的情况下帮助他们将创新的教材内容与外部出版合作接洽，以达到推广和应用的目的。激励机制的建立与实施，能有效提高教师的教学热情和工作满意

度，引导教师不断追求教学水平和专业知识的提升。此外，通过鼓励教师在教学和教材上创新，也能带动整个教育教学环境的活跃和进步，最终促进教育质量的整体提升，并为学生提供更加丰富、有效和现代化的学习资源。这是建设一体化教学师资团队不可缺少的一环。

四、建设实训基地

（一）实训基地的布局规划，考虑学科交叉融合

建设实训基地是一体化教学模式实施条件中的重要组成部分，其布局规划应考虑学科之间的交叉融合。在中职汽修教育中，实训基地是培养学生实际操作能力和技术应用能力的关键场所，因此，其规划必须以促进跨学科学习为宗旨，突出实训的综合性和应用性。

实训基地的布局规划要综合考虑机械工程、电子技术、信息技术、新能源技术等相关学科，通过空间、设备和课程的有机结合，打造出一个多功能、多学科交织的实训环境。在这样的环境下，学生可以在实践中体验和理解各学科知识之间的联系，增强解决实际问题的能力。

布置实训基地时，可以设立不同的功能区，每个区域针对特定学科要求和实训目标进行专门设计。比如，可以有汽车检测与维修区、汽车电子电路实验区、新能源汽车技术实训区等。每个区域都配备对应学科的先进设备和工具，以便学生能够进行实际操作并获得真实的工作体验。此外，还可以规划一些综合性的实训平台，让学生能够在一个项目中应用多个学科的知识。例如，模拟一个完整的汽车维修流程，学生不仅要了解车辆结构，还要运用电子技术进行故障诊断，甚至需要掌握一些信息技术来处理车辆的智能系统。

（二）适应智能化趋势，引入高效的维修仿真系统

维修仿真系统通过模拟真实的汽车维修场景，结合计算机虚拟现实技术，为学生提供了一个接近实际工作环境的学习平台。在这种系统中，学生可以无风险地练习汽车诊断、故障分析、维修策略制定等技能，并且可以多次重复练习，直至掌握正确的维修方法。此类仿真系统通常包括三维模型演示、故障模拟、诊断

过程操作等多种模块。它们不但能够提供丰富直观的教学资源，还能模拟故障发生时的各种状况，让学生在面对各类复杂问题时能独立思考并找到解决方案。

同时，一些维修仿真系统还能够记录学生操作的每一步，为教师提供可量化的评估数据，帮助教师分析学生的弱点，提出具体的改进建议。此外，高效的维修仿真系统能够持续更新，以确保教学内容紧跟最新的汽车技术发展。引入这样的智能化维修仿真系统于实训基地，不仅能提高教学效率和学生的学习积极性，还有助于提升学生对复杂技术的直观理解和操作熟练度。智能化实训设备的应用不仅是建设先进实训基地的需要，也是构建未来教育资源和提升教育质量的必然趋势。

（三）结合实际工作站点，设置多功能实训工作区

确保实训基地的功能性和现实适用性，需要在实训基地中结合实际工作站点来设置多功能的实训工作区。这种做法能够模拟真实的工作环境，让学生在学校就能体验到与未来职业生涯相仿的工作场所，从而有效地提升其职业技能和适应未来就职环境的能力。

在规划多功能实训工作区时，应该以汽车维修作业流程为基础，创建包含接待、检测、维修、测试和客户服务等完整链条的实训场景。这样的设置可以让学生在专业学习的同时，了解并练习从客户沟通到车辆交付的全过程。多功能实训工作区应具备汽车维修的各项必需设施，比如维修工具架、举升机、分析仪器和计算机诊断设备等。此外，根据课程需要，可以设置具有特定功能的工作站，如轮胎服务、油液和制动系统服务、底盘校正等，以适应不同的教学和训练要求。

在此基础上，教师可以针对不同专业领域，设计实训课程和项目，使学生能够在真实环境下，进行细分领域的专业训练。同时，这种多功能性也支持了跨专业的综合教学，如将机械知识与电子技术相结合，让学生在项目中综合运用多方面的知识和技能。

（四）实训基地内部分实物或设备与企业标准同步

实训基地内的实物和设备应尽可能反映当前汽车维修企业所采用的技术和工具。例如，引进市场上先进的汽车诊断设备、维修工具、检测仪器，以及更新换代的车辆模型，都能让学生紧跟行业技术步伐，增强学习的现实意义和应用价值。

与此同时，还应关注行业标准规范的变化，如质量管理体系、环境保护要求及安全操作规程等，确保学生在实训中能按照最新的行业规范执行任务。学校可以与企业建立合作伙伴关系，通过技术交流和实训基地的共建共享，及时地将企业的标准设备引入教学环境。

实训课程内容的设计和实施也需与企业实际相结合，以工作任务为导向，设置符合企业生产过程的项目和标准。同时，可以邀请企业技术人员参与到实训教学中，进行指导和讲解，这样既增强了教学的逼真度，也扩展了学生的职业视野。

（五）提供实训基地与云平台、移动学习装置的互联互通

在建构实训基地时，须谋划其与现代信息技术的紧密结合，尤其是实现云平台和移动学习装置的互联互通。此举不仅拓展了教学方式的多样性和便捷性，而且有效促进了资源共享，增强了学习的灵活性和互动性，是一体化教学模式落地实施的重要组成部分。

通过构建实训基地与云平台的互联，可以实现课程资源、实训数据、学习进度等信息的同步管理和实时更新。云平台支持学生和教师随时随地访问最新的教学资源，包括视频教程、操作手册、在线课程、模拟软件等，并与实地实训活动紧密结合，发挥线上线下教学互补的优势。

移动学习装置，则为学生提供更加个性化和移动性的学习体验。利用平板电脑、智能手机等设备，学生可在实训基地任何位置，访问云平台资源，进行知识学习或操作指导。此外，这些移动装置还能够支撑增强现实（AR）或虚拟现实（VR）等技术，使学生在更加直观和沉浸式的学习环境中，掌握复杂的汽车结构和维修技巧。

实训基地与云平台、移动学习装置的互联互通也有利于实现自主学习，学生可以根据个人需求和进度，在教师的远程指导下，有针对性地选择学习内容和练习难度。同时，教师可利用这些技术进行在线辅导、答疑及评估，并根据学生的学习反馈调整教学策略。

｜第十一章｜
优化中职汽修教育模式的措施建议

随着社会的发展和进步，职业教育的课程改革也逐步进行，以适应不断变化的人才需求。传统的汽修课程体系主要侧重于基础操作技能的培养，但现如今，汽修人才需要具备更高的综合素质和多元化的能力。除了具备扎实的技术操作技能，他们还需要具备创新思维、问题解决能力、团队协作能力、沟通能力等综合素质。因此，为了培养符合社会需求的汽修专业人才，必须对相关专业课程进行多元化改革和创新。

第一节　当代汽修行业对人才的需求

随着电动汽车技术的发展，当代汽修行业对高级技术人才的需求增加，特别是那些熟悉电动汽车技术、具备相关培训和认证的专业人士。这些人才在电动汽车维修、故障诊断、充电设施安装与维护等方面具备专业知识和技能，能够为电动汽车用户提供高质量的维修和服务。

一、汽修行业人才

在中国的汽车维修行业中，从业人员很多，工种分类也多，但是到底哪些工种人才，才是维修行业所需的呢？这也是各个企业为之会头疼的事。根据在各个企业的调研中发现，如下几种人才是我们汽车维修行业中所需要的人才。

第一种是：技术＋管理＋运营＋心态的四位合一的总经理型的人才，此人才无疑可以成为一位创业者，也可以成为一个 4s 店合格的管理人，不管是创业者亦或是管理者，此人都可以应对各个不同的场面，汽车行业中出现这样的人才不管是管理员工或者接待客户都可以提升 15% 以上的满意率，企业营业额也可以提上 5% 以上，车辆的事故率也会慢慢降低，客户的投诉率也能降低。

第二种就是：能干得好，能说得出，能写得明的"专业的技术人才"这种人才不管是在哪一个公司都是可以成为当中的某一个岗位的好师傅，好管理，好专家，能带动公司的团队发展，拉近与客户的距离与信任，传播技术的发展。

第三种就是：可以按照公司制定的一切标准进行准确施工的技师，他们是汽车行业中的主力，车辆安全和车辆寿命的"守护者"，他们能对汽车"起死回生"，也可以让汽车保持像年轻人一样的动力，能让车主们降低对车辆的维修费用，提升车辆的安全性能，是我们车载行驶中的保护神，也是将来蔚蓝天空的创造者。

二、汽修行业人才的趋势

过去一年，新能源汽车高歌猛进，表现十分亮眼。中国汽车工业协会数据显示，2022 年 1—11 月中国新能源汽车销量达 606.7 万辆，同比实现翻倍，渗透率达 25%。2023 年，汽车消费市场对新能源汽车和智能网联汽车保持较高的青睐度和需求，新能源汽车的整体销量在 900 万辆上下。这种行业发展趋势下，人才需求将有哪些变化？

趋势一：跨行业人才流动加剧

随着汽车智能化发展，有机构预测，到 2030 年，软件成本占整车成本将从现在的 15% 上升到 60%。从互联网跨界造车到科技、房地产企业造车，新玩家不断涌入。不仅涵盖原来的传统主机厂及新能源造车，还有互联网、计算机软件、半导体等领域，新势力需补充传统造车专业人才，而传统车企需大量互联网背景人才，跨行业人才流动或将进一步加剧。

趋势二：人才需求区域化明显

目前，中国已形成长三角、珠三角、京津冀、东北、华中及川渝地区的六大汽车产业集群。以中心城市群为主的集中式布局的省市主要有河北省、广东省、吉林省。河北省形成以保定、张家口、沧州为主的汽车生产地。广东省汽车生产地主要以广州、深圳、佛山为中心；吉林省汽车产能布局则以长春市为主。多地区的分散式布局省市主要是江苏省和浙江省，长三角作为汽车企业聚集地，汽车产能分布在整个上海及江浙两省。与区域产业集聚分布相关，上海、杭州、苏州、芜湖、重庆、大连、武汉、广州、深圳等重点区域对汽车人才需求仍较明显。

趋势三：新能源领域招聘增量高居不下

据专家预测，2023 年汽车消费市场对新能源汽车和智能网联汽车仍将保持较高的青睐度和需求，增长速度将超过 20%，乐观情况下或将达到 30%。这一发展趋势下，将加剧该领域内的人才需求。新能源汽车三电领域人才需求将持续旺盛，高精尖研发人才的渴求在转型升级压力下将显得更为迫切。

趋势四：智能驾驶车联网岗位持续成为招聘热点

未来，汽车产品将成为四个轮子上的计算机。汽车产品和汽车产品开发的复杂性正与日俱增。特别是汽车中软件和代码的数量急剧增加，这些代码为汽车带来了显著增强的体验，包括辅助驾驶、安全、娱乐、地图等。在此趋势下，通信协议、核心算力及芯片相关的职位增量增加。自动驾驶算法、智能研发类的人才需求日益增多。人才需求由综合性管理人才向深耕某领域的专家转换。

趋势五：复合型人才需求更旺盛

汽车行业在电动化、网联化、智能化、共享化新四化发展趋势下高速重构，将使复合型人才需求进一步增加。汽车与 IT 结合的高端复合型人才备受青睐。这类人才需求正在从高级管理及技术岗位下沉到中层岗位，甚至到部分入门岗位及新职业。

趋势六：减员与增员并举

传统车企一边增加数字化岗位人才需求，如系统设计/集成、云基础平台、网络通信、环境感知、大数据、决策控制、人工智能、地图定位、安全技术及标准法规等技术领域。一边对传统岗位展开减员，如传统机械研发类、基础制造工艺以及燃油系统相关岗位，减员比例与范围均有扩大趋势。

趋势七：灵活用工向更多职能领域渗透

汽车行业的灵活用工较为广泛，从辅助性的职能岗位，到设计与制造、实验室测试、物料采购、销售等领域，工程师的岗位如化工工程师、工业工程师、内外饰设计工程师、汽车质量工程师、汽车项目管理、销售工程师等岗位。

三、当前汽修行业的新变化

汽修行业正面临着电动化、智能化、数据驱动和新材料等方面的新变化。这些变化要求技术人员不断学习和更新知识，适应新技术的发展，并具备跨领域的综合能力，以应对行业的挑战和机遇。

维修对象电子化：随着环保意识的增强和技术的发展，电动车和混合动力车在汽车市场上的份额不断增加。这对汽修行业提出了新的挑战和机遇，需要技术人员具备电动车和混合动力车的维修和维护能力。

维修设备现代化：智能化和互联网技术的快速发展也对汽修行业带来了影响。现代汽车越来越多地集成了各种智能系统和互联网功能，需要技术人员具备对这些系统进行故障诊断和修复的能力。

故障诊断专家化：随着车辆的智能化和互联网连接，汽车产生的大量数据可以用于维修和预测性维护。技术人员需要具备数据分析和利用的能力，以提高维修效率和预测车辆故障。

维修人员高素质化：汽车制造中涉及的材料和技术不断发展和创新。例如，轻量化材料的应用和新的发动机技术的出现，都对汽修技术人员提出了新的要求，需要不断学习和适应新的材料和技术。人工智能和自动驾驶技术是当前汽车行业的热门领域，对汽修行业也带来了新的挑战。技术人员需要了解相关技术，并具备对自动驾驶系统进行故障排除和维修的能力。

四、汽修行业人力资源需求分析

现代汽车维修服务于千家万户，面对的是机、电、液一体的高科技集成产物，且种类繁多，技术更新快，对从业人员的要求越来越高。从专业能力分析，要适应汽车维修及相关工作需要，主要应有以下要求。

第一，扎实的基础知识：从业人员应该具备汽车机械、电子、电器等方面的基础知识，理解汽车的工作原理和各个系统的功能。这包括发动机、传动系统、底盘、车身电子系统等。

第二，故障诊断与解决能力：现代汽车的故障排除需要具备良好的故障诊断能力。从业人员应该能够运用各种故障诊断工具和设备，分析和解决车辆故障。他们需要了解各种故障代码、故障模式和故障排除流程。

第三，电子技术与软件应用：现代汽车普遍采用电子控制系统，从业人员需要具备电子技术方面的知识，能够理解和调试电子控制单元（ECU）以及相关传感器和执行器。此外，他们还需要熟悉使用相关软件进行故障诊断和编程。

第四，多品牌维修能力：现代汽车市场上存在多个品牌和型号的车辆，从业人员应该具备跨品牌的维修能力。他们需要熟悉不同品牌车辆的技术特点和维修要求，能够适应不同车型的维修工作。

第五，持续学习和更新知识：汽车技术不断发展和更新，从业人员需要具备持续学习的意识和能力。他们应该关注行业动态，学习新的维修方法、新技术和新材料的应用，以不断提升自己的专业能力。

第六，沟通与服务能力：从业人员需要与车主或客户进行有效的沟通，了解车辆问题和需求，并提供专业的建议和解决方案。良好的沟通和客户服务能力对于建立客户信任和维护良好的工作关系至关重要。

第七，安全意识和遵守规范：从业人员需要具备安全意识，严格遵守相关的安全规范和操作规程。他们应该使用个人防护装备，并确保维修过程安全可靠，以保护自己和他人的安全。

第二节　对于改革中职汽修教学的必要性分析

随着汽车行业向数字化、智能化、电动化和共享化方向发展，汽车维修行业也面临着新的变化和需求。所以，改革中职汽修教学实在必行。

一、现阶段我国汽修行业人才供给现状

（一）从业人员素质不高，影响总体服务质量

当前我国汽修行业的技术水平相对较低，缺乏高端技术人才和先进的维修设备。这导致在复杂故障处理、电子技术维修以及新能源汽车维修等领域存在一定的技术瓶颈。同时，随着汽车技术的不断更新迭代，汽修人员需要不断学习和更新知识，以适应新技术的要求。当前，汽修行业缺乏统一的行业标准和规范，导致服务质量参差不齐。在一些小型汽修店铺中，存在维修流程不规范、服务态度不专业、价格不透明等问题，这给消费者的维权带来了一定的困扰。同时，缺乏行业监管和评价体系，也增加了行业的混乱度。

（二）从业人员数量不足，难以满足日益增长的市场需求

汽修行业长期以来受到社会认知度不高、工作环境相对较为恶劣等因素的影响，对于年轻人来说，选择从事汽修行业的意愿相对较低，导致行业的吸引力不足。目前，汽修行业的教育与培训体系尚未完善，相对缺乏高质量的职业培训机构和专业课程。这使得从业人员的技能水平和专业素养无法得到有效提升，难以满足市场需求。同时，随着汽车保有量的快速增长以及汽车技术的不断更新，汽修行业对高素质、高技能的从业人员的需求呈现出井喷式增长。而人才培养的周期相对较长，无法及时满足市场的快速需求。

（三）人才瓶颈阻碍中国汽车业可持续发展

人才瓶颈问题正在阻碍中国汽车业的可持续发展。随着汽车技术的不断创新和进步，中国汽车业对高级技术人才的需求越来越大。这包括电动车技术、智能驾驶技术、车联网技术等领域的专业知识和技能。然而，这些高级技术领域的人

才相对较少，供需矛盾较为突出。同时，中国汽车行业需要具备先进技术和管理知识的专业人才。然而，汽车领域相关专业的教育和培训机构相对不足，培养出的毕业生数量和质量无法满足行业需求。此外，由于行业技术的快速发展，现有从业人员的知识和技能需要不断更新和提升。另外，由于人才供需不平衡，一些汽车企业之间的竞争也可能导致人才的流动性差，难以形成稳定的人才储备和培养机制。

二、中职汽修专业的教学现状及问题

（一）教学手段落后

落后的教学手段将影响中职汽修专业的教学效果和学生的实际应用能力。我国职业院校的汽修专业教学在一定程度上受到传统教育理念的影响，更加注重学生的理论课程学习。相比之下，实践课程的时间和内容相对较少。这导致学生在实际汽修技术方面的应用能力不足，难以适应汽修行业的要求。由于多方面因素的影响，许多职业院校的汽修专业在课程设备和内容方面存在不足。这可能包括实验室设备的老旧、技术更新不及时，以及课程内容与实际汽修技术的脱节等问题。这使得学生无法真正接触到最新的汽修技术和设备，限制了他们的实践能力培养。一些职业院校的汽修专业过多地注重文理论课程的学习，而忽视了实践技能的培养。这导致学生在实际应用中缺乏实践经验，无法灵活运用所学知识解决汽修实际问题。

（二）教师专业素质偏低

教师专业素质偏低对中职院校汽修专业的教学质量和学生的学习效果都会产生影响。一是许多中职院校汽修专业的教师并没有接受过专业教育和培训，他们可能是从物理化学或电子机械等其他领域调剂而来。这使得他们在汽修专业知识和技能方面的了解和经验相对较少，难以提供高质量的教学。二是教师的实践经验对于汽修专业教学至关重要。然而，一些教师可能在实际汽修工作中缺乏经验，无法将理论知识与实际应用相结合。这可能导致他们无法给学生提供实用的指导和解答问题。三是汽修行业技术不断发展和更新，需要教师保持与行业同步的知识水平。然而，由于一些教师缺乏专业培训和持续学习的机会，他们的知识可能滞后于行业的最新发展，无法将最新的知识和技术传授给学生。

（三）学生积极性不足

学生的学习积极性是教学有效开展的保障。当学生对学习抱有兴趣和热情时，才能主动参与课程学习，积极吸收教师所教授的知识。然而，在我国的中职院校汽修专业学习中，部分学生对汽修专业的兴趣并不高，他们可能只是把学习当作打发时间的手段。还有一些学生即使在教师的监督和管理下，也不能真正专注于课程学习。这些情况对中职院校汽修专业的教学质量产生了一定的影响。如果有部分学生缺乏学习积极性，不能真正投入汽修专业课程的学习，不仅会对其他学生的学习产生影响，还可能影响教师讲课的积极性，阻碍教师与学生进行互动式学习活动。

（四）实训设备短缺

在中职院校的汽修专业学习中，主要是进行汽修技术的学习，而要进行技术的学习在充分对汽修理论专业了解的情况下，进行实践教学最为重要，只有通过实践教学才能从提升学生的动手能力来提高学生的汽修专业水平。但是通过对我国实际的中职汽修专业教学中发现，多数的中职院校汽修专业教育中并没有足够的实践设备，这样就导致学生无法正常的进行实训学习。

实践是提高学生动手操作能力和技术水平的重要途径。如果实训设备短缺，学生无法进行充分的实践训练，他们的实践能力可能无法得到有效培养和提升。同时，汽车行业的技术不断发展和更新，实训设备的短缺可能导致中职院校的实训课程无法跟上行业的发展趋势。学生可能无法接触到最新的汽车维修设备和技术，从而脱离了实际行业需求。最缺乏充足的实训设备可能导致教学质量下降。教师难以进行真实场景的模拟教学，学生无法在实际操作中获得充分的指导和反馈，这会影响他们的学习效果和技能培养。

第三节　对于优化中职汽修教育模式改革的措施建议

中等职业学校是我国高中教育阶段的重要组成部分，中职教育要是为了解决中等教育结构严重失衡的状况，但是我国的职业教育目前还存在体系建设不完善，制度不健全，人才培养的质量不太高等问题。所以，我国职业学校教育改革迫在眉睫。

国务院于 2019 年 2 月 13 日发布的《国家职业教育改革实施方案》提出："把职业教育摆在教育改革创新和经济社会发展中更加突出的位置。"可见，国家高度重视职业教育的发展，采取一系列措施，如：扩大生源、打造高质量的"双师型"教师队伍、推动企业和社会力量办学，完善实训设备设施等来推进中等职业教育教学质量可持续性发展。目前，在中职汽修院校在教育理念、教学方法、教学内容、教学评价、课堂监控等方面中还存有一些不足，需要逐一完善构建良好的学习生态。

一、中职汽修院校课堂教学的偏误

（一）教育观念的偏误

在中职汽修院校中，一些教师可能缺乏对职业教育的全面认识，无法站在国家发展战略的高度来指导学生的学习。他们可能没有深入了解职业院校的特点和职业教育的目标，从而无法为学生提供适应行业需求的教学内容和方法。教师的专业水平对于教学的质量和效果至关重要。如果教师的职业技能水平相对欠缺，可能无法为学生提供足够的指导和支持。缺乏创新和教学方法的更新也可能导致课堂教学的单一和缺乏吸引力。此外，社会大众对职业教育的认知可能存在误解和偏见。一些人认为职业教育是次等的教育形式，这导致家长和学生对职业教育的重视程度不高。这种认知偏差可能导致学生对所学知识的意义和价值缺乏全面的认识，影响他们的学习动力和学习态度。

（二）教学目标的偏误

目前，许多中职院校在教育教学中存在一些不足，主要表现为过于强调专业技能培养，而忽视了学生的素质和创新能力的培养。这种偏向导致了一些问题的出现。首先，课堂教学过于侧重于传授程序性知识，使学生变得机械地记忆和陈述知识，而缺乏对知识内在原理的理解。这种记忆性的知识无法实现教学目标，也无法满足学习者的需求，更无法解决实际问题。学生仅仅熟练操作，并不理解其背后的原理和逻辑。其次，学校忽视了学生职业素养的培养，导致教学效果与教育目标脱节，学生的发展水平与社会岗位要求存在结构性的错位。职业素养是学生能否适应职业环境、与他人有效沟通和合作的重要因素。忽视职业素养的培养可能导致学生在实际工作中遇到困难，无法胜任职业要求。

（三）教学内容的偏误

在当前的产教融合、校企双元育人的背景下，中等职业教育的教学内容应与企业和社会发展需求紧密结合，展现新时代职业教育的针对性、灵活性和实效性。然而，目前存在一些问题，如教材更新缓慢、知识陈旧乏味，与实际发展脱节；教学内容未考虑学习者的认知水平和认知发展规律，缺乏层次性、逻辑性和关联性；传统的班级授课方式容量大、时间长，超出学生的认知负荷；学习者无法充分加工和编码所学内容，导致问题积累。若不能及时解决这些问题，将降低学习者的参与度，削弱学习动机和自我效能感，引发学习厌倦情绪，加深学习者和教育者对职业教育的偏见，最终影响教育质量。

（四）教学方法的偏误

在中职院校的课堂教学中，许多教师仍然偏向使用单一的讲授方法。尽管这种填鸭式的授课方法可以在短时间内帮助大多数学生掌握大量模式化的知识，但同时也存在一些限制和问题。特别是在应试教育的背景下，这种教学方法可能阻碍学生发散性思考问题的能力，以及学生与教师之间的互动交流和学生之间的协作学习。此外，填鸭式的授课方法也无法充分培养学习者的元认知能力、独立思考能力和创新能力。学生缺乏主动探索和实践的机会，无法在实际问题中运用所学知识，难以培养解决问题的能力和创新思维。

（五）教学环境的局限

在中职院校中，学生主要在教室或模拟真实工作环境的训练场所进行学习。尽管仿真教学环境可以直观地呈现知识并提高操作技能，但与真实操作环境相比仍存在一定差距。仿真教学环境难以完全再现真实操作中的随机性和不可控因素，而理想化的教学环境不能有效促进学生有意义地构建和应用知识的能力。

（六）课堂教学监控的偏误

目前，在大部分中职院校的课堂教学中，存在两种主要现象。首先是课堂纪律涣散，学生行为不受限制，老师对此置之不理。这种情况下，学生缺乏纪律自律意识，各自为政，导致学习氛围紊乱，老师可能只是简单地监督纪律，而忽视了对学生学习状态和心理的关注。其次是课堂呈现静态教学模式，以老师为中心，教学活动缺乏互动与学生参与。这种情况下，教师主导教学，学生被动接受，缺乏主动思考和创造性发展的机会。这两种情况分别代表了放纵型和专制型的管理模式。放纵型的课堂管理容易导致学生变得自由散漫，缺乏学习的动力和目标，同时也使得教师对学生的学习情况不够了解，只是敷衍塞责。而专制型的课堂管理则限制了学生创造性思维的发展，忽视了学生个性化的成长和发展需求。

二、优化中职汽修教育模式改革的措施建议

（一）树立"以学生为主体，教师为主导"的中职教育理念

人本主义的教育理念强调尊重学生的兴趣、需求和主动性，关注人的价值。在这种导向下，教师在教育过程中扮演着重要的角色。他们应积极响应国家政策，及时关注职业教育的发展动态，并树立正确的职业观念。同时，教师也应以敬业乐业的态度关心和爱护学生，做到身为教师的榜样。

在教学中，教师是促进者和指导者，而学生是学习的主体和意义建构的主动者。教师需要改变学习的本质，从无意义的被动接受转变为有意义的启发式或引

导式。他们应该建立正确的学生观，尊重学生的兴趣爱好，关注学生的心理发展，重视学生的可塑性，并实施个体差异评价，以促进学生的可持续发展。

作为教育者，教师应该树立正确的教师观，热衷于教育教学问题的研究和实践，创造性地开发和讲解课程。同时，他们还应该具备正确的教学观，通过启发和引导，平等对待每位学生，重视他们的个性发展和全面发展。双主体教学理念打破了以前以教师为中心的教学模式，使教学从学习者的需求出发，结合他们的认知结构和身心发展规律，实施指导性教学，促进学习者在理解、掌握和强化知识的同时，也提高他们的认知能力、协作学习能力和创新能力等全方位的发展。

（二）确立知识与能力、专业技能与道德素质相结合的教育目标

美国心理学家布鲁姆布鲁姆提出了教育目标分类学。该分类不受学科和年龄的限制，所有目标都可以进行测量，并具有实际操作性。他将教育目标分为认知领域、情感领域和动作技能领域，并对这三个领域进行了详细的划分标准。在认知领域，目标的分级从简单到复杂包括知识、领会、应用、分析、综合和评价等六个层次。这意味着学习者需要逐步掌握基础知识，理解和应用知识，进行分析和综合，最终能够评价和判断知识的有效性和适用性。情感领域的目标根据价值内化的程度分为接受、反应、形成价值观念、组织价值观念和形成个性化的价值体系。这意味着学习者需要接受和反应于各种价值观念，逐渐形成自己的价值观念，并将其组织成一个整体，最终形成个性化的价值体系。动作技能领域的目标分为知觉、定势、模仿、操作、准确、连贯和习惯化等七个层次。这意味着学习者需要通过感知和观察来掌握技能，逐步发展定势和模仿能力，进行操作并追求准确性和连贯性，最终使所学技能成为习惯。

在教学中，知识、技能和情感是同时发生的，教师需要从这三个方面设计教学目标，并合理安排教学内容，促进学习者的全面发展。在中等职业教育中，为了提高教学质量，需要转变只重视形式教育的观念，树立形式教育和实质教育并重的综合型人才培养目标。在这种教育中，知识的学习是提升操作技能的基础，

而操作能力的提升又进一步加强了知识的巩固。

（三）以社会需要为指向，更新教学内容

布鲁纳提倡教育者结合学生的经验并适当组织教学内容，这是认知学习理论的基础。根据认知学习理论，学习者既有的认知结构为学习新知识提供了一个基础。在学习新知识时，学习者会先找到新知识与已有知识的相似之处，然后辨别不同之处，从而引发认知冲突和概念转变，进而系统化新知识。学习者的经验越丰富，同化和适应新知识的速度就越快。中职学生的教学内容主要包括陈述性知识和程序性知识。陈述性知识描述事物的状态、内容、变化的时间和原因，主要回答"是什么"和"怎么样"的问题，通常可以通过讲授法进行教学描述。程序性知识由一系列操作步骤构成，描述活动的具体过程和操作步骤，主要回答"做什么"和"怎么做"的问题，是一种实践性知识，主要用于实际操作。

在互联网飞速发展的时代背景下，学校可以鼓励专业教师设计相关课程并开发融合课程，将当下先进的技术引入课堂教学，激发学生的学习动力，增加课堂教学内容的趣味性。其中，一方面是在学生专业知识的学习基础上增加与互联网相关的知识点，但不打破各学科的原有界限；另一方面是打破学科之间的界限，将互联网时代的相关技术（如深度学习）与中职院校某些专业相融合。教学内容既要满足学习者的需求，又要紧跟时代发展的步伐。

（四）创新教学方法，提高学习绩效

不同学习者具有不同的认知风格，这要求采用多样化的教学策略和方法，以满足学习者的学习需求。认知风格主要包括场独立与场依存、冲动与沉思、辅合与发散、抽象与具体四种类型。这些认知风格在学习中表现出不同的特点：场独立型学习者倾向于利用内部经验进行判断，学习动机内在化，喜欢使用分析型的知觉方式，适应结构不严密的教学；场依存型学习者倾向于使用外部参照作为信息加工的依据，动机外在化，偏好非分析型的知觉方式，喜欢严密的教学结构。沉思型学习者需要更多时间来思考问题，但错误率较低；冲动型学习者能够快速

回答问题，但错误率较高；辅合型认知风格的学习者倾向于使用逻辑规律，而发散型学习者则倾向于沿着不同方向思考问题。抽象型认知风格的学习者能够避免刻板印象，而具体型的学习者则更依赖于具体学习情境。

在中职学生中，有些学生可能尚未意识到自己倾向于哪种认知风格，因此教师需要帮助学生了解他们的学习风格，并在教学中灵活运用匹配策略和失配策略，采用多种教学方法进行教学。建构主义者认为学习者在日常生活学习中已经形成了丰富的经验，他们在学习中依靠已有的认知结构来同化和顺应新知识。在建构主义思想的指导下，可以采用翻转课堂进行启发性教学。翻转课堂是指学生通过直接经验获得基础知识后，通过内化间接经验来提高理解和应用能力。它能有效促进学生的主动学习，帮助他们建立实质性的知识。然而，翻转课堂要求课前视频制作符合学科知识逻辑并满足学生心理逻辑，这需要教师优化教学设计，细化教学内容，精化教学方法。

由于学生的个体认知速度和已有经验等因素，学生的学习进度可能存在差异。如果每个学生都将自己不懂的问题带到课堂，将会降低教学效率。教师可以通过翻转课堂学习平台增加在线互动环节，根据学生的反馈先解决大部分简单性问题，同时也能获得集中性难题，统一在课堂内进行讨论。通过制造结构不良的问题，采用任务驱动法和探究法进行支架式教学，以提高学习绩效。激发学生的学习动机和兴趣对于有效的教学至关重要。学生对学习内容的兴趣和好奇心可以促使他们更专注地参与学习，并且更愿意投入时间和精力去理解和掌握知识。

根据赫尔巴特的观点，教学应该从学生已有的知识和经验出发，与学生的直接经验相结合，以唤起学生的潜意识知识和兴趣。这可以通过引入与学生生活经验相关的实例、情境和案例研究来实现。通过与学生现实生活的联系，教师可以激发学生的学习兴趣，使他们更加主动地参与学习过程。此外，教师在教学中应该灵活运用不同的教学方法和策略，以满足不同学生的学习需求和兴趣。例如，可以采用问题解决、合作学习、探究式学习等互动性和参与性较高的教学方法，鼓励学生积极思考、讨论和探索知识。同时，通过提供丰富的学习资源和教材，包括图书、多媒体资料、实践活动等，可以提供多样化的学习体验，激发学生的好奇心和求知欲。

（五）拓展教学环境，构建有效课堂

陶行知的"教学做合一"思想的核心是将教育与实践相结合，使学生在实践中学习，从而提高他们的实际操作能力和解决问题的能力。在教育实践中，有几个关键点需要注意。

首先，职业院校应该搭建一个理论与实践相结合的育人环境，通过模块化训练，将理论知识与实际操作相结合。然而，由于班级授课制度的限制，学生的练习时间有限，导致他们不能够熟练地进行操作，无法真正内化所学的知识。为了解决这个问题，可以考虑增加实践环节，如实验室实训、实习实训等，让学生有更多机会进行实际操作和实践。

其次，为了促进教学做合一，加强校企合作是非常重要的。学校可以与企业合作，共同制定有利于双方发展的规划，并建立相应的规章制度，使企业能够参与到办学过程中。学校可以选择与企业发展相关的教学内容，并借鉴企业擅长的教学方法，提高教学的实用性和针对性。这样的合作有助于学生更好地理解实际工作环境和要求，并为他们未来的就业做好准备。

此外，数字技术的应用也可以为教学做合一提供支持。通过引入智能技术和数字化工具，可以提供更好的情境性和增值性，丰富学生的学习体验。例如，可以利用虚拟实验室、模拟软件等数字工具，让学生在虚拟环境中进行实践操作和问题解决，以弥补实践机会不足的问题。

（六）科学监控课堂教学，优化教学管理

马斯洛需要层次理论把人的需要分为缺失性需要和成长性需要，缺失性需要包括生理的需要、安全的需要、归属与爱的需要、尊重的需要，成长性需要即自我实现的需要。只有当缺失性需要满足后才能进入自我实现的需要，而缺失性需

要一旦满足,其强度就会降低,自我实现的需要最大特点在于永远不会得到满足。

在课堂教学中,老师主要通过满足学生缺失性需要来促进学习者逐步达到自我实现的需要。老师要满足学生对归属与爱的需求,在分析学生学习需求的基础上创建民主型的课堂教学管理模式,营造宽松、和谐的学习环境。老师要满足学生对尊重的需求,帮助学生建立赢得他人尊重的机会,提高学生的外部动机,同时关注学生的心理发展并及时给予正确的指导,实施鼓励教育与赏识教育,因材施教,构建教学相长的师生关系。此外,老师要提高教育机制的艺术,达到教书育人的教学效果。

教师是一个学校担负教学任务的中坚力量,教师队伍的能力与水平直接关系着整个学校的教学质量。首先,利用"鲶鱼效应",将其他学校的优秀师资引入我校,将教师的教学效果与工资相挂钩,从而激发学校教师的危机感与责任感,千方百计的提高自身的教学理念与教学水平。其次,深入开展卓有成效的校企合作,保持学校与企业的密切联系与沟通,使教师能及时捕捉市场的需求,并将其及时灌输给学生,使学生学有所用,在人才市场上具备极高的竞争力。最后,鼓励和引导在校教师参加多种培训,给予每位老师以学习进修的机会。各地区相关政府部门也应为中职院校的师资培训提供便利,从而弥补部分院校的专业空白,在提高所辖中职学校的教学水平的同时,增加地方的就业。同时,要平衡学生之间的竞争和合作关系,培养学生的自我效能感。学校可以采用多种测评方式,结合技能考核和项目制作考核,促进学生综合能力的发展。

结　语

中等职业教育人才培养模式的构建必须遵循生产性和教育性相结合，适应性和发展性相结合，专业性和综合性相结合，灵活性和稳定性相结合的原则，围绕教育理念、培养目标、培养内容、培养途径、培养评价五个方面进行合理构建。

一是要树立正确的教育理念，全面贯彻党的教育方针，坚持以服务为宗旨，以就业为导向，遵循技能型人才成长规律，重点加强职业道德教育和职业技能培养。

二是科学定位培养目标。培养与我国社会主义现代化建设要求相适应，德、智、体、美、劳全面发展，具有综合职业能力，在生产、服务一线工作的高素质劳动者和技能型人才。

三是要优化课程、教材体系，构建模块化课程教材体系。四是要探索新型的教学方法。坚持"做中学、做中教"，突出职业教育特色。

五是要构建分散式订单培养、开放的集团化培养、动态的工学结合、顶岗实习等开放式人才培养途径。

六是要构建学校、社会共同参与的多元化评价体系。职业教育的人才培养不可能固定为一种固有的模式，面对社会实际，适应千变万化的职业岗位和职业岗位人才素质、能力需要，是确定高等职业教育人才培养模式的唯一准则。

作为中等职业教育的办学主体必须在借鉴的基础上再结合本地区、本学校的实际情况，探索出具有一定办学特色、充满活力的办学模式，才能使中等职业教育的办学适应经济社会发展和教育发展的实际需要。

附件：临沂市中职学校汽车专业教学现状调查分析报告

1. 关于贵校的汽车相关专业教师队伍建设情况

专业建设师资配备非常完善

专业建设师资配备比较完善

专业建设师资配备较为紧缺

专业建设师资配备严重紧缺

2. 课程设置情况（多选题）

专业基础课程（发动机、底盘、汽车电气等）

专业技能课程（钣喷）

专业技能课程（汽车营销）

专业技能课程（新能源）

其他

3. 汽车专业教材使用情况（多选题）

高等教育出版社

人民交通出版社

机械工业出版社

中国劳动社会保障出版社

其他

4. 本校汽车专业实训室建设情况

分模块分组建设非常到位，可以满足以班级为单位的实训教学任务

分模块分组建设基本到位，基本可以满足以小组为单位的实训教学

分模块分组建设基本到位，基本可以满足以小组为单位的实训教学

实训室建设仍在完善状态，目前不能满足批量的教学任务

其他

5. 课堂教学情况（多选题）

已经普及信息化教学手段

采用传统多媒体进行教学及演示

使用汽车专业相关软件进行教学任务

使用理实一体化分组教学

其他

6. 汽车专业实训教学情况（多选题）

采用实训模拟软件进行教学

实现理实一体化教学模式

采用先理论后实操的教学模式

其他

7. 汽车专业学生学习状况（多选题）

对于专业课知识非常有兴趣，且喜欢钻研

对于专业课知识比较有兴趣，且经常向老师提问

对专业课的兴趣一般，讲什么听什么从不提问

对所学专业没有兴趣

其他

8. 在课程设置情况方面还存在的问题（多选题）

没有足够的师资力量，难以设置多门专业课程

没有足够的实训设备，无法设置实操课程

在理论与实操相结合的过程中，课程设置衔接不是很好

其他

9. 在教材使用方面还存在的问题（多选题）

教材使用标准不一致，导致教学内容有出入

所使用教材的出版社不尽相同

其他

10. 在教师队伍建设方面存在的问题（多选题）

专业课教师资源短缺

专业课教师所教专业不对口

专业课教师所掌握的专业课知识过于陈旧，赶不上新知识的更新

其他

11. 实训室建设方面存在的问题（多选题）

资金不足教学设备老化过时

实训场地不足导致实训教学任务无法按要求开展

设备使用率有待提高

其他

12. 课堂教学方面存在的问题（多选题）

学生的学习积极性不够

教师的专业课知识储备不足

缺少相关的实训设备为学生及时进行相关演示

其他

13. 下一步汽车专业专业改革的工作重点（多选题）

探索试点现在学徒制

优化五年一贯制人培方案

深化校企合作模式

其他

14. 汽车专业教学改革的建议

参考文献

[1] 贺祖斌，黄艳芳.职业教育课程与教学论[M].北京：北京师范大学出版社，2010.

[2] 赵志群.职业教育工学结合一体化课程开发指南[M].北京：清华大学出版社，2009.

[3] 王昊，余仙梅.汽车构造[M].刘发军，上海：同济大学出版社，2020.

[4] 孔水清；杨正俊.汽车发动机构造与维修[M].上海：同济大学出版社，2017.

[5] 马军.高职项目化课程体系研究[M].北京：北京理工大学出版社，2011.

[6] 姜大源.当代德国职业教育主流教学思想研究[M].北京：清华大学出版社，2007.

[7] 李莎.职业教育课程模式的变革研究[J].职业，2022（16）.

[8] 秦咏梅.汽修实训课程教学中融入思政元素的探索与实践——以《汽车维护与保养》课程为例[J].时代汽车，2022（06）.

[9] 李文静，吴全全，闫智勇.工作过程系统化课程范式下职业教育学习质量评价模式构思[J].教育与职业，2021（08）.

[10] 吴全全，耿爱文，闫智勇.工作过程系统化课程开发范式下"双师型"教师专业化发展的对策[J].职业技术教育，2021（04）.

[11] 张小莉.分层教学在中职汽修实训教学中的应用[J].科技风，2022（14）.

[12] 周航辉.行动导向法在中职汽修专业中的实践研究[J].现代农机，2020（05）.

[13] 张文霞，申荣卫.中职院校建设新能源汽车维修专业探究[J].时代汽车，2020（17）.

[14] 葛绪涛.师生互动优化技校理实一体化教学的实践研究[J].职业，2020

（16）

[15] 陶佳，范晨晨.沉浸式学习理论视域下的游戏化课程目标设计：机理、框架与应用 [J].远程教育杂志，2021（05）.

[16] 陈清泰.新能源汽车迈向中高级发展阶段 [J].汽车纵横，2021（01）.

[17] 谢孝乐；常国良.中职教育人才培养的现状困境与对策[J].文学教育（下），2020（10）.

[18] 编辑部.《2020世界新能源汽车大会共识》发布[J].汽车与配件，2020(19).

[19] 周航辉.行动导向法在中职汽修专业中的实践研究 [J].现代农机，2020（05）.

[20] 何兴国；赵志群.工作过程导向课程实施中的文化—认知性影响因素 [J].职教论坛，2020（03）.

[21] 赵小惠，万明，刘静，王建峰，李晨英.国外高校共享型实习基地建设的经验及启示 [J].教育教学论坛，2020（10）.

[22] 胡滨；李婕.基于"产教研学"四位一体的大学生校外实践基地建设实践与体会——以温州商学院金融学专业校外实践基地建设为例 [J].当代教育理论与实践，2020（01）.

[23] 曾华鹏；闫智勇；刘国宾.工作过程系统化课程范式下应用本科企业实习基地建设路径 [J].职教论坛，2019（11）.

[24] 雷玉梅.中职专业实训教学中如何培养学生实践能力 [J].课程教育研究，2019（26）.